Based on a Real Class

쓸 영문법은 통문장

쓸 수 있을 때까지

초등 영어, 단어 학습 이후 무엇이 필요할까?

초등학생 조카는 3학년 때 초등 필수 영단어 800개의 철자 암기 훈련을 마쳤습니다. 시간이 지나면서 앞서 배운 단어들 중 기억나는 것들도 많이 있고, 그 중 일부는 가물가물하기도 합니다.

그렇지만, 다시 처음으로 돌아가서 단어를 외우게 시키지 않았습니다. 앞으로 영어 공부하면서 계속 단어들을 만나고 학습하게 될 것이니까요.

단어의 기초를 닦았으니 독해 학습을 이어가면 좋겠다 싶어, 수준에 맞는 쉬운 글을 함께 읽어 보려 했습니다. 하지만 아이는 영어로 글을 읽어야 한다는 것에 심한 거부 반응을 보였습니다. 정말 쉬운 글이었는데도 갑자기 단락 형태의 글을 읽는다는 데에 겁을 먹은 것 같더군요.

그래서 기초 영문법 학습을 먼저 하기로 했습니다. 결과는 어땠을까요? 암호처럼 보이는 영어의 규칙들을 적용하며 훈련을 하다 보니, 단어 공부할 때의 총명한 눈빛과 생기가 사라지더군요.

이렇게 아이의 학습 의욕이 떨어지는 것은
1. 공부의 필요성을 머리로는 이해하지만 실제 학습 효과를 바로 느낄 수 없다는 것
2. 어렵고 지루하다는 것이 그 이유였습니다.

그때 문득, 조카가 자주 하던 말이 떠올랐습니다.
"단어가 모여 문장이 되고, 문장이 모여 단락이 되고, 단락이 모여 글이 돼요."

국어 시간에 배운 거라며 노래하듯 자주했던 이 말 속에, 영문법 공부에 대한 해답이 들어 있었습니다. 어려운 문법을 먼저 익히도록 하는 게 아니라 '문장을 학습하면서 그 안에 있는 문법을 자연스럽게 익히도록' 해야 했던 것입니다.

그럼 어떤 문장을 어떻게 배워야 할까요?

바로, 교육부 지정 의사소통 기능문이 담긴, 초등 영어 교과서에 나오는 회화 표현(문장)입니다.

초등 영어 교과서는 회화(의사소통)에 집중하고 있습니다. 하지만 그 안을 들여다보면 각 단원은 문법을 기초로 설계가 되어 있습니다. 예를 들어, Why are you upset?(넌 왜 속상해하고 있니?)이라는 회화 표현을 배우지만, 학습 목표인 언어 형식은 의문사(why, where, when...)가 있는 be동사 의문문이에요.

이와 같이, 초등 영어 교과서에 나오는 문장을 공부한다는 것은, 기초 영문법과 문장의 기본 형태를 배우는 과정이 되겠죠.

또한 의사소통에 필요한 표현을 배우기 때문에, 하나의 문장을 아는 데 머무르는 것이 아니라 영어의 패턴까지 익힐 수 있습니다. Why are you upset?이라는 문장에서 upset 이외의 단어를 넣어 여러 가지 문장을 만들며, Why are you _____?와 같은 패턴을 알 수 있게 됩니다.

그러니 영어 교과서 문장 학습은 영문법과 영작 학습은 물론이고, 회화/패턴까지 영어의 기본을 잡을 수 있는 매우 실용적인 학습 방법입니다. 더불어 문장을 쓰는 훈련을 통해 초등, 중학교 내신에 필수로 등장하는 '서술형' 문제를 대비할 수 있게 되니 일석이조입니다.

그래서! 추천해 드리는 초등 영어 단계별 학습 방법은!
교육부 지정 필수 영어 단어를 암기한 후에, 영문법은 '통문장 쓰기 훈련'을 통해 잡아 주는 것입니다. 이 단계를 거치면, 중학교 영어에서 꼭 필요한 독해와 영문법 학습과 영작의 기초를 단단히 잡을 수 있습니다.

I mean it

라임

FEATURES

A B 대화로 익히는 [초등 필수 영문법 & 통문장]

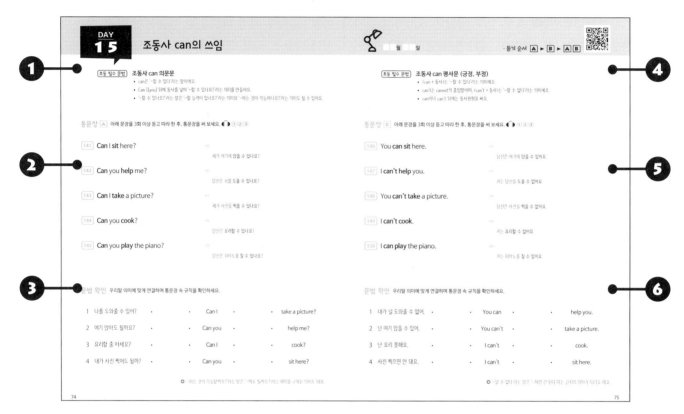

❶❹ 초등 필수 문법

통문장으로 학습할 '초등 필수 영문법'을 확인해요.
문장 쓰기에 필요한 문법인 '문장의 어순'과 '동사의 형태' 중심으로 학습해요.
어려운 용어를 쉽게 풀고, 반복적인 설명을 제시하여 부담없이 문법을 익혀요.

❷ 통문장 A

주로 대화를 시작하는 질문[의문문] 형태의 통문장이 제시돼요.
'의문문'을 만드는 데 필요한 문법을 담은 5개의 통문장을 배워요.
원어민의 음성을 듣고 따라 말하고, 따라 쓰면서 통문장에 익숙해져요.

❺ 통문장 B

주로 통문장 A에 대한 대답[평서문]의 형태로 제시돼요.
'긍정[부정]문'을 만드는 데 필요한 문법을 담은 5개의 통문장을 배워요.
통문장 A와 B를 함께 듣고 따라 말하며, 대화로 문장을 익혀요.

❸❻ 문법 확인

통문장에 담긴 문법을 문제로 익혀요.
문장을 연결하여 완성하는 활동을 통해 문장의 구조를 배워요.

A B 대화로 [통문장 암기 훈련 & 서술형 문제]

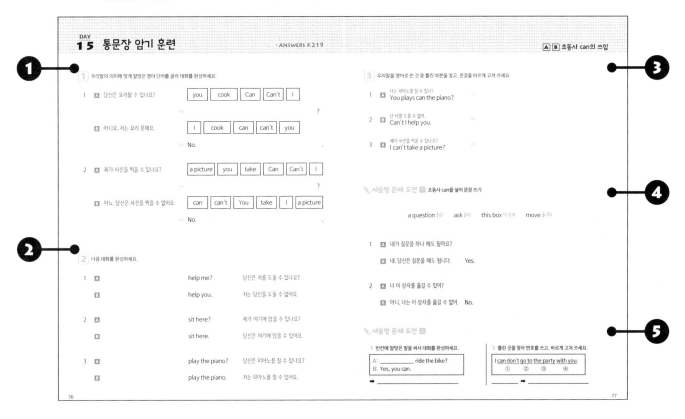

통문장 암기 훈련 1 — 필요한 단어를 골라, 어순에 맞게 배열하여 통문장 A B 대화를 완성해요.
문장의 어순과 문법 사항을 잘 이해했는지 확인해요.

통문장 암기 훈련 2 — 빈칸에 알맞은 말을 넣어 A B 대화를 완성해요.
문장의 핵심 표현을 정확하게 써 보면서, 통문장 속 문법을 익혀요.

통문장 암기 훈련 3 — 제시된 문장의 틀린 곳을 찾고 알맞게 수정해요.
오류 없이 정확하게 완전한 문장을 쓰면서 문법과 함께 영작까지 연습해요.

서술형 문제 도전 1 — 주어진 단어를 이용해 통문장 A B 대화를 영작해요.
배운 문법을 잘 적용할 수 있는지, 스스로 영작이 가능한지 확인해요.

서술형 문제 도전 2 — 중학 내신 시험 서술형 문제 유형에 도전해요.
중학 시험에 비중 있게 출제되는 서술형 유형에 익숙해져요.

CONTENTS

영어 단어 확인 아는 단어에 체크하고, 모르는 단어는 암기해 두세요.

☑ WORDS	☑ WORDS
☐ nurse 간호사	☐ visitor 방문객
☐ parents 부모님	☐ picnic 소풍
☐ classmate 반 친구	☐ plan 계획
☐ blanket 담요	☐ clock 시계
☐ heavy 무거운	☐ healthy 건강한
☐ cute 귀여운	☐ umbrella 우산
☐ cousin 사촌	☐ gloves 장갑(들)
☐ socks 양말(들)	☐ triangle 삼각형
☐ weak 약한	☐ animal 동물
☐ snake 뱀	☐ Monday 월요일

what 의문문 / be동사 현재형

(초등 필수 문법) **의문사 what + be동사 의문문**

- '무엇, 언제, 누가, 어디서'와 같이 구체적인 정보를 묻는 말을 의문사라고 하며, 문장의 맨 앞에 써요.
- be동사 의문문은 '무엇'인지 묻는 의문사 What 뒤에 〈be동사(is, are) + 주어〉의 순서로 써요.
- be동사는 주어가 단수(하나)이면 is, 복수(둘 이상)이면 are를 써요.

통문장 Ⓐ 아래 문장을 3회 이상 듣고 따라 한 후, 통문장을 써 보세요. 🎧 ① ② ③

001 **What is** your name? ➡

당신의 이름은 **무엇입니까?**

002 **What are** the colors? ➡

그 색들은 **무엇입니까?**

003 **What is** your plan? ➡

당신의 계획은 **무엇입니까?**

004 **What are** these? ➡

이것들은 **무엇입니까?**

005 **What is** that? ➡

저것은 **무엇입니까?**

문법 확인 우리말 의미에 맞게 연결하며 통문장 속 규칙을 확인하세요.

1	그 색들은 뭐예요?	•		•	What is	•		•	these?
2	네 이름은 뭐야?	•		•	What are	•		•	your plan?
3	네 계획은 뭔데?	•		•	What is	•		•	the colors?
4	이것들은 무엇입니까?	•		•	What are	•		•	your name?

⊙ What is 뒤에는 단수(하나) 명사를 쓰고, What are 뒤에는 복수(둘 이상) 명사를 써요.

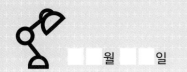

초등 필수 문법 **be동사 현재형 (사물)**

- be동사는 '~이다, 있다, ~이 되다' 등의 의미를 갖는 동사로 현재형은 am, are, is가 있어요.
- 사물의 경우 주어가 단수(하나)이면 is, 복수(둘 이상)이면 are를 써요.

통문장 Ⓑ 아래 문장을 3회 이상 듣고 따라 한 후, 통문장을 써 보세요. 🎧 ① ② ③

006 **It is** Jisung. ➡
　　그것은 지성이에요.

007 **They are** blue and yellow. ➡
　　그것들은 파랑과 노랑이에요.

008 **It is** a picnic. ➡
　　그것은 소풍이에요.

009 **They are** clocks. ➡
　　그것들은 시계들이에요.

010 **It is** my umbrella. ➡
　　그것은 저의 우산이에요.

문법 확인 우리말 의미에 맞게 연결하며 통문장 속 규칙을 확인하세요.

1 그것들은 파랑과 노랑이에요. ·　　· It is ·　　· Jisung.

2 그것은 지성이에요. ·　　· They are ·　　· a picnic.

3 그건 소풍이지. ·　　· It is ·　　· clocks.

4 그것들은 시계야. ·　　· They are ·　　· blue and yellow.

◑ 주어가 복수(둘 이상)이면 be동사 뒤에 복수 명사를 쓰고, 단수(하나)이면 단수 명사를 써요.

1 우리말의 의미에 맞게 알맞은 영어 단어를 골라 대화를 완성하세요.

1 **A** 저것은 무엇이니?

| is | that | are | What |

➡ ?

B 그것은 나의 우산이야.

| It | are | my umbrella | is |

➡ .

2 **A** 이것들은 무엇이니?

| What | these | are | is |

➡ ?

B 그것들은 시계들이야.

| is | clocks | are | They |

➡ .

2 다음 대화를 완성하세요.

1 **A** What is   ?   너의 이름은 무엇이니?

B   Jisung.   그것은 지성이야.

2 **A**   your plan?   너의 계획은 뭐니?

B   a picnic.   그것은 소풍이야.

3 **A**   the colors?   그 색깔들은 뭐야?

B   blue and yellow.   그것들은 파랑과 노랑이야.

3 우리말을 영어로 쓴 것 중 틀린 부분을 찾고, 문장을 바르게 고쳐 쓰세요.

1 Ⓐ 너의 계획은 무엇이니?
Your plan is what?   ⇒

2 Ⓑ 그것들은 시계들이에요.
It is clocks.   ⇒

3 Ⓐ 이것들은 무엇이니?
What that are?   ⇒

○ 우리말의 주어가 단수인지 복수인지를 잘 보고, 질문인지 대답인지를 파악하세요.

✎ 서술형 문제 도전 **1** what 의문문과 be동사 현재형 쓰기

this 이것   my blanket 내 담요   the animals 그 동물들   snakes 뱀들

1 Ⓐ 이거 뭐야?

Ⓑ 그것은 내 담요야.

2 Ⓐ 그 동물들은 뭐야?

Ⓑ 그것들은 뱀들이야.

✎ 서술형 문제 도전 **2**

1 빈칸에 알맞은 말을 써서 대화를 완성하세요.

A: _____ this?
B: It is my toy.

➡ _____

2 틀린 곳을 찾아 번호를 쓰고, 바르게 고쳐 쓰세요.

They are our bike.
 ①   ②   ③   ④

_____ ➡ _____

17

who 의문문 / be동사 현재형

[초등 필수 문법] **의문사 who + be동사 의문문**
- 의문사 Who(누구)를 문장의 맨 앞에 쓰고, 그 뒤에 〈be동사 + 주어〉의 순서로 써요.
- 주어가 단수(하나)이면 be동사는 is, 주어가 복수(둘 이상)이면 are를 써요.
- 단, 주어가 you(너)이면 are를 쓰고, 주어가 I(나)이면 am을 써요.

통문장 [A] 아래 문장을 3회 이상 듣고 따라 한 후, 통문장을 써 보세요. ①②③

011 **Who is** your teacher? ➡
너의 선생님은 누구시니?

012 **Who are** these? ➡
이분들은 누구시니?

013 **Who is** Minsuk? ➡
민석이가 누구야?

014 **Who are** you? ➡
당신은 누구신가요?

015 **Who are** your friends? ➡
너의 친구들은 누구니?

문법 확인 우리말 의미에 맞게 연결하며 통문장 속 규칙을 확인하세요.

1 민석이가 누구야? ·   · Who is ·   · these?

2 너의 선생님은 누구시니? ·   · Who are ·   · your friends?

3 이분들은 누구니? ·   · Who is ·   · Minsuk?

4 너의 친구들은 누구니? ·   · Who are ·   · your teacher?

⭘ Who is 뒤에는 단수(하나) 명사를 쓰고, Who are 뒤에는 복수(둘 이상) 명사를 써요.

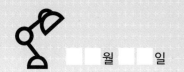

[초등 필수 문법] **be동사 현재형 (사람)**

- 질문이 아닌 일반적인 문장에서 be동사는 주어 뒤에 써서, 〈주어(대명사) + be동사〉의 순서예요.
- be동사는 주어(사람)에 맞추어 am, are, is 중 하나를 써요.
- be동사 뒤에 누구(who)인지를 말하는 명사를 써요.

통문장 B 아래 문장을 3회 이상 듣고 따라 한 후, 통문장을 써 보세요. 🎧 ① ② ③

| 016 | **She is** Ms. Jones. | ➡ |
| | | 그녀는 존스 씨예요. |

| 017 | **They are** my uncles. | ➡ |
| | | 그들은 나의 삼촌들이에요. |

| 018 | **He is** my cousin. | ➡ |
| | | 그는 나의 사촌이에요. |

| 019 | **I am** a nurse. | ➡ |
| | | 저는 간호사예요. |

| 020 | **They are** Jisung and Sujin. | ➡ |
| | | 그들은 지성이와 수진이에요. |

문법 확인 우리말 의미에 맞게 연결하며 통문장 속 규칙을 확인하세요.

1	그는 나의 사촌이야.	•	• I •	• am •	• my uncles.
2	그들은 나의 삼촌들이야.	•	• She •	• is •	• Ms. Jones.
3	나는 간호사예요.	•	• They •	• are •	• my cousin.
4	그녀는 존스 씨예요.	•	• He •	• is •	• a nurse.

❖ 주어가 복수(둘 이상)이면 be동사 뒤에 복수 명사를 쓰고, 주어가 단수(하나)이면 뒤에 단수 명사를 써요.

1 우리말의 의미에 맞게 알맞은 영어 단어를 골라 대화를 완성하세요.

1 **A** 이분들은 누구지?

is	these	are	Who

➡ _____?

B 그들은 저의 삼촌들이에요.

my uncles	are	They	is

➡ _____.

2 **A** 민석이가 누구야?

Minsuk	Who	are	is

➡ _____?

B 그는 내 사촌이야.

is	He	are	my cousin

➡ _____.

2 다음 대화를 완성하세요.

1 **A** _____ your teacher? 너의 선생님은 누구시니?

B _____ Ms. Jones. 그녀는 존스 씨예요.

2 **A** _____ your friends? 너의 친구들은 누구니?

B _____ Jisung and Sujin. 그들은 지성이와 수진이에요.

3 **A** Who _____? 당신은 누구신가요?

B _____ a nurse. 저는 간호사예요.

3 우리말을 영어로 쓴 것 중 틀린 부분을 찾고, 문장을 바르게 고쳐 쓰세요.

1 A 당신의 선생님은 누구입니까?
Who your teacher are? ⇒

2 B 저는 간호사예요.
You are a nurse. ⇒

3 A 당신의 친구들은 누구인가요?
Who your friend are? ⇒

❍ 명사가 복수(둘 이상)일 때는 명사 뒤에 -s를 붙여요.

✎ 서술형 문제 도전 **1** who 의문문과 be동사 현재형 쓰기

the member 그 회원   dancer 무용가   your uncle 너의 삼촌   the designer 그 디자이너

1 A 그 회원들은 누굽니까?

B 그들은 무용가들입니다.

2 A 너의 삼촌은 누구야?

B 그는 그 디자이너야.

✎ 서술형 문제 도전 **2**

1 빈칸에 알맞은 말을 써서 대화를 완성하세요.

A: _____ Jinhee?
B: She is my sister.

➡ _____

2 틀린 곳을 찾아 번호를 쓰고, 바르게 고쳐 쓰세요.

They are my cousin.
① ② ③ ④

_____ ➡ _____

21

지시 대명사

초등 필수 문법 **지시 대명사 this, these**

- 가까운 것을 가리킬 때 그 대상이 하나이면 this(이것), 둘 이상이면 these(이것들)를 써요.
- This(이것)가 주어이면 be동사는 is, These(이것들)가 주어이면 be동사는 are를 써요.
- 사람을 소개할 때도 This(이분, 이쪽), These(이분들, 얘네들)를 사용해요.

통문장 A 아래 문장을 3회 이상 듣고 따라 한 후, 통문장을 써 보세요. 🎧 ① ② ③

[021] **This is** my photo. ➡

이것은 나의 사진이에요.

[022] **These are** my socks. ➡

이것들은 나의 양말입니다.

[023] **This is** my bike. ➡

이것은 나의 자전거입니다.

[024] **These are** my parents. ➡

이분들은 나의 부모님이십니다.

[025] **This is** my friend, Jisung. ➡

이쪽은 내 친구, 지성이에요.

문법 확인 우리말 의미에 맞게 연결하며 통문장 속 규칙을 확인하세요.

1 이것들은 나의 양말이야. •   • This is •   • my parents.

2 이건 내 자전거야. •   • These are •   • my friend.

3 이분들이 나의 부모님이야. •   • This is •   • my socks.

4 이쪽은 내 친구야. •   • These are •   • my bike.

❍ This is 뒤에는 단수(하나) 명사를 쓰고, These are 뒤에는 복수(둘 이상) 명사를 써요.

초등 필수 문법 **지시 대명사 that, those**
- 먼 것을 가리킬 때 그 대상이 하나이면 that(저것), 둘 이상이면 those(저것들)를 써요.
- This, These와 마찬가지로 〈That + is〉, 〈Those + are〉와 같이 be동사를 구분해서 써요.
- 사람을 소개할 때도 That(저분, 저쪽), Those(저분들, 쟤네들)를 사용해요.

통문장 Ⓑ 아래 문장을 3회 이상 듣고 따라 한 후, 통문장을 써 보세요. 🎧 ① ② ③

026 **That is** my bag. ➡

저것은 나의 가방이에요.

027 **Those are** my books. ➡

저것들은 나의 책입니다.

028 **Those are** my classmates. ➡

쟤네들은 나의 반 친구들이에요.

029 **That is** my grandma. ➡

저분은 나의 할머니이십니다.

030 **Those are** my pets, Tom and Jerry. ➡

저것들은 나의 애완동물, 톰과 제리예요.

문법 확인 우리말 의미에 맞게 연결하며 통문장 속 규칙을 확인하세요.

1 저분은 나의 할머니세요. ·   · That is ·   · my bag.

2 저것들은 나의 애완동물이에요. ·   · Those are ·   · my books.

3 저것은 나의 가방이에요. ·   · Those are ·   · my grandma.

4 저것들은 나의 책이에요. ·   · That is ·   · my pets.

○ That is 뒤에는 단수(하나) 명사를 쓰고, Those are 뒤에는 복수(둘 이상) 명사를 써요.

1 우리말의 의미에 맞게 알맞은 영어 단어를 골라 대화를 완성하세요.

1 A 이것은 나의 사진이에요.

| my photo | This | are | is | That |

➡ _____ .

   B 저것은 나의 가방이에요.

| are | This | my bag | is | That |

➡ _____ .

2 A 이것들은 나의 양말입니다.

| my socks | These | are | is | Those |

➡ _____ .

   B 저것들은 나의 책입니다.

| These | my books | are | Those | is |

➡ _____ .

2 다음 대화를 완성하세요.

1 A _____ my bike.   이것은 나의 자전거입니다.

   B _____ my classmates.   쟤네들은 나의 반 친구들이에요.

2 A _____ my parents.   이분들은 나의 부모님이십니다.

   B _____ my grandma.   저분은 나의 할머니이십니다.

3 A _____ my friend, Jisung. 이쪽은 내 친구, 지성이에요.

   B _____ my pets.   저것들은 나의 애완동물이에요.

3 우리말을 영어로 쓴 것 중 틀린 부분을 찾고, 문장을 바르게 고쳐 쓰세요.

1 **A** 이것들은 저의 양말(들)입니다.
   This are my sock. ➡

2 **B** 저것은 나의 가방이에요.
   This are my bag. ➡

3 **B** 저것들은 나의 애완동물들이에요.
   Those my pets is. ➡

○ 명사가 복수(둘 이상)일 때는 명사 뒤에 –s를 붙여요.

✎ **서술형 문제 도전 1** 지시 대명사를 이용하여 문장 쓰기

a guide 안내원   visitor 방문객   my spoon 나의 숟가락   your fork 너의 포크

1 **A** 저분은 안내원이야.

   B 이분들은 방문객이야.

2 **A** 이것은 나의 숟가락이야.

   B 저것들은 너의 포크들이지.

✎ **서술형 문제 도전 2**

1 우리말과 같은 뜻이 되도록 빈칸에 알맞은 말을 쓰세요.

_____ your gloves.
저것들은 너의 장갑이야.

➡ _____

2 틀린 곳을 찾아 번호를 쓰고, 바르게 고쳐 쓰세요.

This is your rooms.
 ①   ②   ③   ④

_____ ➡ _____

DAY 04

be동사 의문문과 대답

초등 필수 문법 **be동사 의문문**

- 질문을 할 때는 be동사인 Is와 Are를 주어 앞에 써요.
- 주어가 하나이거나 한 사람이면 Is를, 주어가 둘 이상의 물건이나 사람이면 Are를 써요.
- 단, 주어가 I(나)인 경우에는 Am을, 주어가 you(너)인 경우에는 Are를 써요.

통문장 Ⓐ 아래 문장을 3회 이상 듣고 따라 한 후, 통문장을 써 보세요. 🎧 1 2 3

031 **Are the boxes** heavy? ⇒

그 상자들은 무겁습니까?

032 **Is Minho** tall? ⇒

민호는 키가 큰가요?

033 **Are your parents** busy? ⇒

너의 부모님은 바쁘시니?

034 **Is your sister** cute? ⇒

너의 여동생은 귀엽니?

035 **Is the room** clean? ⇒

그 방은 깨끗하니?

문법 확인 우리말 의미에 맞게 연결하며 통문장 속 규칙을 확인하세요.

1	그 방은 깨끗하니?	•	• Are •	• Minho •	• cute?
2	그 상자들은 무거워?	•	• Is •	• the boxes •	• heavy?
3	민호는 키가 커?	•	• Is •	• your sister •	• clean?
4	네 여동생은 귀엽니?	•	• Is •	• the room •	• tall?

◑ be동사로 질문을 할 때는 Be동사를 주어 앞에 써요. 이때 Be동사는 주어에 따라 Am, Are, Is를 선택해요.

[초등 필수 문법] **be동사 의문문에 대한 대답**

- Is ~?, Are ~?에 대한 대답을 할 때는, Yes나 No 뒤에 <주어 + be동사>를 써요.
- No(아니요)라고 대답하는 경우에는 is나 are 뒤에 not(~ 아니다)을 붙여요.
- 일반적으로 is not은 isn't로, are not은 aren't로 줄여서 써요.

통문장 Ｂ 아래 문장을 3회 이상 듣고 따라 한 후, 통문장을 써 보세요. 🎧 ① ② ③

036 **No, they aren't.**

➡ 아니요, 그것들은 그렇지 않아요.

037 **Yes, he is.**

➡ 네, 그는 그래요.

038 **Yes, they are.**

➡ 네, 그들은 그래요.

039 **No, she isn't.**

➡ 아니, 그녀는 그렇지 않아.

040 **Yes, it is.**

➡ 응, 그것은 그래.

문법 확인 우리말 의미에 맞게 연결하며 통문장 속 규칙을 확인하세요.

1 응, 그것은 그래.	•	• No, •	• they aren't.
2 아니요, 그녀는 그렇지 않아요.	•	• Yes, •	• he is.
3 응, 그는 그래.	•	• No, •	• she isn't.
4 아니, 그것들은 그렇지 않아.	•	• Yes, •	• it is.

🔘 대답할 때는 주로 질문의 주어를 대명사로 바꾸어 써요. 그리고 그 뒤에 대명사 주어에 맞는 be동사를 써요.

1 우리말의 의미에 맞게 알맞은 영어 단어를 골라 대화를 완성하세요.

1 **A** 너의 부모님은 바쁘시니?

| your parents | busy | Are | Is |

?

B 네, 그들은 그래요.

| Yes, | No, | are | aren't | they |

.

2 **A** 너의 여동생은 귀엽니?

| Is | Are | your sister | cute |

?

B 아니, 그녀는 그렇지 않아.

| Yes, | No, | isn't | aren't | she |

.

2 다음 대화를 완성하세요.

1 **A**　　　　　　 the boxes heavy?　　　　그 상자들은 무겁습니까?

B No,　　　　　　　　　　.　　　아니요, 그것들은 그렇지 않아요.

2 **A**　　　　　　 the room clean?　　　그 방은 깨끗하니?

B Yes,　　　　　　　　　　.　　　응, 그것은 그래.

3 **A**　　　　　　 Minho tall?　　　　민호는 키가 크니?

B Yes,　　　　　　　　　　.　　　응, 그는 그래.

3 우리말을 영어로 쓴 것 중 틀린 부분을 찾고, 문장을 바르게 고쳐 쓰세요.

1 A 너의 부모님은 바쁘시니?
Is your parents busy?

2 A 민호는 키가 크니?
Minho tall are?

3 B 네, 그들은 그래요.
Yes, they aren't.

✏️ 서술형 문제 도전 1 be동사 의문문과 대답 쓰기

giraffe 기린   short 키가 작은   the girl 그 소녀   weak 약한

1 A 기린들은 키가 작나요?

B 아뇨, 그것들은 그렇지 않아요.

2 A 그 소녀는 약하니?

B 응, 그녀는 그래.

✏️ 서술형 문제 도전 2

1 빈칸에 알맞은 말을 써서 대화를 완성하세요.

A: _____ busy?
B: No, she isn't.

➡️ _____

2 틀린 곳을 찾아 번호를 쓰고, 바르게 고쳐 쓰세요.

Are your grandma healthy?
① ② ③ ④

_____ ➡️ _____

29

〈what + 명사〉 의문문과 대답

초등 필수 문법 〈what + 명사〉 의문문

- 의문사 What 뒤에 명사를 붙여, '무슨 ~, 어떤 ~'이라는 의미를 만들 수 있어요.
- 의문문이기 때문에 〈What + 명사〉 뒤에는 〈be동사 + 주어〉의 순서로 써요.
- be동사는 주어가 단수(하나)인지 복수(둘 이상)인지에 따라 달라져요.

통문장 A 아래 문장을 3회 이상 듣고 따라 한 후, 통문장을 써 보세요. 🎧 ① ② ③

041 **What time** is it? ➡

몇 시입니까?

042 **What size** are the shoes? ➡

그 신발들은 무슨 사이즈입니까?

043 **What color** is the flower? ➡

그 꽃은 무슨 색입니까?

044 **What shape** are they? ➡

그것들은 무슨 모양입니까?

045 **What day** is it? ➡

무슨 요일입니까?

문법 확인 우리말 의미에 맞게 연결하며 통문장 속 규칙을 확인하세요.

1 그것들은 무슨 모양이야? •	• What color •	• is it?
2 무슨 요일이니? •	• What time •	• is the flower?
3 몇 시야? •	• What shape •	• is it?
4 그 꽃은 무슨 색이야? •	• What day •	• are they?

◎ 시간이나 요일을 물을 때 사용하는 it은 '그것'이라고 해석하지 않아요.

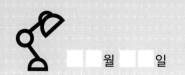

(초등 필수 문법) 〈what + 명사〉 의문문에 대한 대답

- 질문에서 주어가 단수이면 It is ~로 답하고, 복수이면 They are ~로 답해요.
- It is, They are 뒤에는 〈What + 명사〉에 대한 구체적인 답을 해요.

통문장 B 아래 문장을 3회 이상 듣고 따라 한 후, 통문장을 써 보세요. 🎧 ① ② ③

046 **It is** 3 o'clock. ➡

3시 정각입니다.

047 **They are** 130 mm. ➡

그것들은 130mm입니다.

048 **It is** pink. ➡

그것은 분홍색입니다.

049 **They are** triangles. ➡

그것들은 삼각형입니다.

050 **It is** Monday. ➡

월요일입니다.

문법 확인 우리말 의미에 맞게 연결하며 통문장 속 규칙을 확인하세요.

1	그것들은 삼각형이에요.	•	•	It is	•	•	pink.
2	그것은 분홍색이에요.	•	•	It is	•	•	3 o'clock.
3	월요일이에요.	•	•	It is	•	•	Monday.
4	3시 정각이에요.	•	•	They are	•	•	triangles.

◎ 시간이나 요일을 답할 때 사용하는 It은 '그것은'이라고 해석하지 않아요.

1 우리말의 의미에 맞게 알맞은 영어 단어를 골라 대화를 완성하세요.

1 **A** 그 꽃은 무슨 색입니까?

| the flower | What | is | are | color |

➡ ?

B 그것은 분홍색입니다.

| pink | It is | They are |

➡ .

2 **A** 그 신발들은 무슨 사이즈입니까?

| is the shoe | are the shoes | size | What |

➡ ?

B 그것들은 130mm입니다.

| They are | It is | 130 mm |

➡ .

2 다음 대화를 완성하세요.

1 **A** is it? 몇 시입니까?

B 3 o'clock. 3시 정각입니다.

2 **A** are they? 그것들은 무슨 모양입니까?

B triangles. 그것들은 삼각형입니다.

3 **A** is it? 무슨 요일입니까?

B Monday. 월요일입니다.

3 우리말을 영어로 쓴 것 중 틀린 부분을 찾고, 문장을 바르게 쓰세요.

1 Ⓐ 그것들은 무슨 모양이에요?
Shape is what they? ⇒

2 Ⓑ 월요일이에요.
They are Monday. ⇒

3 Ⓐ 무슨 요일이죠?
Is it what day? ⇒

✎ 서술형 문제 도전 ❶ 〈what + 명사〉 의문문과 대답 쓰기

the shirt 그 셔츠　　medium 중간(사이즈)　　the pants 그 바지　　brown 갈색(의)

1 Ⓐ 그 셔츠는 무슨 사이즈입니까?

Ⓑ 그것은 중간입니다.

2 Ⓐ 그 바지는 무슨 색이죠?

Ⓑ 그것들은 갈색이에요.

✎ 서술형 문제 도전 ❷

1 빈칸에 알맞은 말을 써서 대화를 완성하세요.

A: _____ are they?
B: They are yellow and green.

➡ _____

2 틀린 곳을 찾아 번호를 쓰고, 바르게 고쳐 쓰세요.

That is Sunday today.
①　　②　　③　　④

_____ ➡ _____

2ND WEEK

영문법은 통문장 06~10

영어 단어 확인   아는 단어에 체크하고, 모르는 단어는 암기해 두세요.

☑ **WORDS**	☑ **WORDS**
☐ **weather** 날씨	☐ **scientist** 과학자
☐ **spicy** 매운	☐ **person** 사람
☐ **great** 훌륭한, 아주 좋은	☐ **food** 음식
☐ **exciting** 신나는, 흥미진진한	☐ **history** 역사
☐ **train** 기차	☐ **desk** 책상
☐ **minute** (시간의) 분	☐ **drawer** 서랍
☐ **river** 강	☐ **bookstore** 서점
☐ **ruler** (길이를 재는) 자	☐ **bathroom** 욕실
☐ **favorite** 가장 좋아하는	☐ **post office** 우체국
☐ **movie** 영화	☐ **the second floor** 2층

how 의문문 / 형용사

(초등 필수 문법) **의문사 how 의문문**
- 의문사 How(어떻게, 어떤 상태로)는 어떤 상태인지, 주로 건강이나 기분 등의 상태를 물을 때 써요.
- is 뒤에는 단수 주어, are 뒤에는 복수 주어를 써요. 단 you(너는, 너희들은)가 주어일 때에는 항상 are를 써요.
- 의문사 뒤에는 질문할 때의 순서대로 〈be동사 + 주어〉를 써요.

통문장 A 아래 문장을 3회 이상 듣고 따라 한 후, 통문장을 써 보세요. 🎧 ① ② ③

051 **How is** the weather? ➡

날씨는 **어떻습니까?**

052 **How are** your parents? ➡

당신의 부모님은 **어떠십니까?**

053 **How are** you? ➡

당신은 **어떻습니까?** (안녕하신가요?)

054 **How is** the food? ➡

음식이 **어떤가요?**

055 **How are** your pets? ➡

당신의 애완동물들은 **잘 지내고 있나요?**

문법 확인 우리말 의미에 맞게 연결하며 통문장 속 규칙을 확인하세요.

1 그 음식은 어때? •	• How is •	• your parents?
2 날씨가 어떤가요? •	• How are •	• the weather?
3 넌 잘 지내니? •	• How is •	• the food?
4 네 부모님은 잘 지내시지? •	• How are •	• you?

❍ How는 안부를 물을 때도 사용하며, 이때는 '잘 지내니?' 정도의 의미예요.

初등 필수 문법 **형용사**

- 형용사는 우리말에서 '~ㄴ'으로 끝나는 말이에요. (화창한, 훌륭한, 좋은, 매운, 아픈)
- 상태를 묻는 질문에 대답할 때, be동사 뒤에는 상태를 표현하는 형용사를 써요.
- 〈be동사 + 형용사〉는 '~한 상태이다' 또는 '~다'로 해석해요.

통문장 B 아래 문장을 3회 이상 듣고 따라 한 후, 통문장을 써 보세요. 🎧 ① ② ③

056 **It is** sunny. ⇒

화창해요.

057 **They are** great. ⇒

그들은 매우 좋아요.

058 **I am** fine. ⇒

저는 괜찮습니다.

059 **It is** spicy. ⇒

그것은 맵습니다.

060 **They are** sick. ⇒

그들은 아파요.

문법 확인 우리말 의미에 맞게 연결하며 통문장 속 규칙을 확인하세요.

1	그분들은 아주 잘 지내요.	•	•	It is	•	•	sick.
2	그건 매워.	•	•	They are	•	•	sunny.
3	(날씨가) 화창해요.	•	•	It is	•	•	great.
4	그들은 아파요.	•	•	They are	•	•	spicy.

○ 시간, 요일, 날씨를 말할 때 쓰는 It은 '그것은'이라고 해석하지 않아요.

1 우리말의 의미에 맞게 알맞은 영어 단어를 골라 대화를 완성하세요.

1   **A**   날씨는 어떻습니까?

is	the weather	are	How

➡   ?

     B   화창해요.

sunny	They	is	are	It

➡   .

2   **A**   당신의 부모님은 어떠십니까?

are	How	is	your parents

➡   ?

     B   그들은 매우 좋아요.

It	They	is	are	great

➡   .

2 다음 대화를 완성하세요.

1   **A**   you?   너는 어떻게 지내니?

     B   fine.   나는 잘 지내.

2   **A**   the food?   음식이 어떠니?

     B   spicy.   그건 매워.

3   **A**   your pets?   당신의 애완동물들은 잘 지내고 있나요?

     B   sick.   그들은 아파요.

3 우리말을 영어로 쓴 것 중 틀린 부분을 찾고, 문장을 바르게 고쳐 쓰세요.

1 **A** 네 애완동물들은 어떻게 지내?
How your pets is? ⇒

2 **A** 날씨는 어떠니?
The weather is how? ⇒

3 **A** 그 음식은 어때?
How the food are? ⇒

✎ **서술형 문제 도전 1** how 의문문과 〈be + 형용사〉 쓰기

the paintings 그 그림들　　great 훌륭한　　the music 그 음악　　exciting 신나는

1 **A** 그 그림들은 어떠니?

B 그들은 훌륭해.

2 **A** 그 음악 어때?

B 그건 신나.

✎ **서술형 문제 도전 2**

1 빈칸에 일맞은 말을 써서 대화를 완성하세요.

A: _____ your grandpa?
B: He is great.

➡ _____

2 틀린 곳을 찾아 번호를 쓰고, 바르게 고쳐 쓰세요.

How are my plan for the weekend?
　①　　②　③　　　　　　④

_____ ➡ _____

〈how + 형용사〉 의문문과 대답

DAY 07

초등 필수 문법 〈how + 형용사〉 의문문

- How 뒤에 형용사를 넣어 하나의 의문사처럼 사용할 수 있어요.
- 〈How + 형용사〉는 주로 '얼마나 ~한'이라는 의미를 만들어요.
- 〈How + 형용사〉 뒤에는 〈be동사 + 주어〉의 순서로 써요.

통문장 A 아래 문장을 3회 이상 듣고 따라 한 후, 통문장을 써 보세요. 🎧 1 2 3

061 **How old** are you?

⇒ 당신은 얼마나 늙었습니까? (몇 살인가요?)

062 **How far** is the school?

⇒ 학교는 얼마나 멉니까?

063 **How tall** is your brother?

⇒ 당신의 남자 형제는 얼마나 키가 큽니까?

064 **How long** are the trains?

⇒ 그 열차들은 얼마나 긴가요?

065 **How late** are we?

⇒ 우리가 얼마나 늦었습니까?

문법 확인 우리말 의미에 맞게 연결하며 통문장 속 규칙을 확인하세요.

1 네 남동생은 키가 얼마야? •   • How old   •   • are you?

2 우리가 얼마나 늦었지? •   • How tall   •   • is your brother?

3 그 기차들은 얼마나 길어? •   • How long   •   • are we?

4 너는 몇 살이니? •   • How late   •   • are the trains?

◑ 〈How + 형용사〉 뒤에는 〈be동사 + 주어〉의 순서가 되며, be동사는 뒤의 주어에 맞춰서 써요.

(초등 필수 문법) **형용사를 꾸미는 말**

- How로 묻는 질문에는 형용사로 대답해요.
- 형용사 앞에는 '얼마나' 그런지를 나타내는 단위를 쓸 수 있어요.
- 형용사 앞에 쓰는 단위는 형용사를 꾸며 주는 역할을 해요.

통문장 B 아래 문장을 3회 이상 듣고 따라 한 후, 통문장을 써 보세요. 🎧 1 2 3

066	I am **11 years old.**

⇒ 저는 11년 늙었습니다. (11살이에요.)

067	It is **10 minutes far.**

⇒ 그것은 10분 멉니다. (10분 거리예요.)

068	He is **150 cm tall.**

⇒ 그는 150센티미터 큽니다. (키가 150cm예요.)

069	They are **100 m long.**

⇒ 그것들은 100미터 깁니다. (100m 길이예요.)

070	We are **30 minutes late.**

⇒ 우리는 30분 늦었습니다.

문법 확인 우리말 의미에 맞게 연결하며 통문장 속 규칙을 확인하세요.

1	그것들은 100m 길이야.	•	• I am •	• 150 cm •	• old.
2	그는 키가 150cm야.	•	• It is •	• 10 minutes •	• tall.
3	그건 10분 떨어져 있어.	•	• He is •	• 11 years •	• long.
4	나는 11살이야.	•	• They are •	• 100 m •	• far.

➤ 〈길이[시간] + 형용사〉는 하나의 형용사 덩어리로 '얼마나 그런지' 구체적인 상태를 나타내요.

1 우리말의 의미에 맞게 알맞은 영어 단어를 골라 대화를 완성하세요.

1 **A** 그 열차들은 얼마나 긴가요? | the trains | is | long | are | How |

➡ ?

B 그것들은 100미터 깁니다. | They | is | long | are | 100 m |

➡ .

2 **A** 너의 형은 얼마나 키가 커? | is | tall | are | How | your brother |

➡ ?

B 그는 키가 150cm야. | is | tall | are | 150 cm | He |

➡ .

2 다음 대화를 완성하세요.

1 **A** _____ are you? 당신은 몇 살인가요?

B I am _____. 저는 11살입니다.

2 **A** _____ is the school? 학교는 얼마나 멉니까?

B It is _____. 그것은 10분 거리에요.

3 **A** _____ are we? 우리가 얼마나 늦었습니까?

B We are _____. 우리는 30분 늦었습니다.

3 우리말을 영어로 쓴 것 중 틀린 부분을 찾고, 문장을 바르게 고쳐 쓰세요.

1 Ａ 우리가 얼마나 늦었죠?
How we are late? ➡

2 Ｂ 그는 키가 150cm예요.
He is tall 150 cm. ➡

3 Ａ 그 기차들은 얼마나 길죠?
How the trains are long? ➡

✎ 서술형 문제 도전 ❶ 〈how + 형용사〉 의문문과 대답 쓰기

your ruler 너의 자   long 긴   the zoo 그 동물원   far 먼, 떨어져 있는

1 Ａ 너의 자는 얼마나 기니?

 Ｂ 그것은 30cm 길이야.

2 Ａ 그 동물원은 얼마나 머니?

 Ｂ 그것은 20분 떨어져 있어요.

✎ 서술형 문제 도전 ❷

1 주어진 정보를 참고하여 대화를 완성하세요.

A: How old are you?
B: ＿＿＿＿＿＿＿＿＿＿ (11살)

➡ ＿＿＿＿＿＿＿＿＿＿＿＿＿

2 틀린 곳을 찾아 번호를 쓰고, 바르게 고쳐 쓰세요.

What long is the river?
 ①   ② ③   ④

＿＿＿＿ ➡ ＿＿＿＿＿＿＿

〈whose + 명사〉 의문문 / 소유격

〔초등 필수 문법〕 **〈whose + 명사〉 의문문**
- Whose는 '누구의'라는 의미를 가진 의문사예요.
- 주로 〈Whose + 명사〉의 형태로 '누구의 ~'라는 의미를 만들어요.
- 〈Whose + 명사〉 뒤에는 〈be동사 + 주어〉의 순서로 써요.

통문장 A 아래 문장을 3회 이상 듣고 따라 한 후, 통문장을 써 보세요. 🎧 ① ② ③

071 **Whose bag** is it? ➡

그것은 누구의 가방입니까?

072 **Whose books** are these? ➡

이것들은 누구의 책들입니까?

073 **Whose pencils** are those? ➡

저것들은 누구의 연필들입니까?

074 **Whose umbrella** is that? ➡

저것은 누구의 우산입니까?

075 **Whose room** is this? ➡

이것은 누구의 방입니까?

문법 확인 우리말 의미에 맞게 연결하며 통문장 속 규칙을 확인하세요.

1 그것은 누구의 가방인가요? •		• Whose pencils •		• are those?
2 이것은 누구의 방이니? •		• Whose bag •		• are these?
3 저것들은 누구의 연필들이야? •		• Whose books •		• is it?
4 이것들은 누구의 책들이지? •		• Whose room •		• is this?

🔘 〈Whose + 단수 명사〉이면 뒤에 〈is + 단수 주어〉, 〈Whose + 복수 명사〉이면 뒤에 〈are + 복수 주어〉를 써요.

[초등 필수 문법] **소유격 대명사**
- 소유격 대명사란 '나의(my), 너의(your)'와 같이 누구의 소유인지를 알려 주는 말이에요.
- '진호의, 브라운 씨의'와 같은 소유격은 사람 이름에 -'s를 붙여서 소유의 의미를 만들 수 있어요.

통문장 B 아래 문장을 3회 이상 듣고 따라 한 후, 통문장을 써 보세요. 🎧 ① ② ③

076 It is **my bag**.

➡ 그것은 저의 가방이에요.

077 They are **your books**.

➡ 그것들은 당신의 책들입니다.

078 They are **Jinho's pencils**.

➡ 그것들은 진호의 연필들입니다.

079 It is **Mr. Brown's umbrella**.

➡ 그것은 브라운 씨의 우산이에요.

080 It is **my mom's room**.

➡ 그것은 나의 엄마의 방입니다.

문법 확인 우리말 의미에 맞게 연결히며 통문장 속 규칙을 확인하세요.

1 그것들은 진호의 연필들이야.	•	• It is •	• your •	• room.
2 그것은 브라운 씨의 우산이야.	•	• They are •	• Mr. Brown's •	• books.
3 그것들은 너의 책들이야.	•	• It is •	• Jinho's •	• umbrella.
4 그것은 나의 엄마의 방이지.	•	• They are •	• my mom's •	• pencils.

○ 〈소유격 + 명사〉 뒤에도 -'s를 붙여서 'my uncle's bag(나의 삼촌의 가방)'과 같은 말을 만들 수 있어요.

DAY 08 통문장 암기 훈련

· ANSWERS P.217

1 우리말의 의미에 맞게 알맞은 영어 단어를 골라 대화를 완성하세요.

1 A 이것은 누구의 방이니?

| this | these | Whose | is | room | are |

➡ _____ ?

B 그것은 나의 엄마의 방이야.

| room | It | my | mom's | is | are |

➡ _____ .

2 A 저것은 누구의 우산인가요?

| those | that | are | is | Whose | umbrella |

➡ _____ ?

B 그것은 브라운 씨의 우산이에요.

| is | are | umbrella | Mr. Brown's | It |

➡ _____ .

2 다음 대화를 완성하세요.

1 A _____ pencils _____ ? 저것들은 누구의 연필들이니?

B They are _____ . 그것들은 진호의 연필들이야.

2 A _____ books _____ ? 이것들은 누구의 책들인가요?

B They are _____ . 그것들은 당신의 책들이에요.

3 A _____ bag _____ ? 그것은 누구의 가방이니?

B It is _____ . 그것은 내 가방이야.

3 우리말을 영어로 쓴 것 중 틀린 부분을 찾고, 문장을 바르게 고쳐 쓰세요.

1 Ⓑ 그것들은 당신의 책들입니다.
They are you book. ➡

2 Ⓐ 저것은 누구의 우산이죠?
Is whose umbrella that? ➡

3 Ⓑ 그것들은 진호의 연필들이야.
They is Jinho's pencil. ➡

✏ 서술형 문제 도전 **1** 〈whose + 명사〉 의문문과 소유격을 이용하여 대답 쓰기

gloves 장갑들   my friend 내 친구   house 집   my aunt 나의 고모

1 Ⓐ 이것들은 누구의 장갑들이니?

Ⓑ 그것들은 내 친구의 장갑들이에요.

2 Ⓐ 그것은 누구의 집인가요?

Ⓑ 그것은 저의 고모의 집이에요.

✏ 서술형 문제 도전 **2**

1 빈칸에 알맞은 말을 써서 대화를 완성하세요.

A: Whose _____ are these?
B: They are my apples .

➡ _____

2 틀린 곳을 찾아 번호를 쓰고, 바르게 고쳐 쓰세요.

They are my's classmates.
 ①   ②   ③   ④

____ ➡ _____

favorite의 쓰임

[초등 필수 문법] **favorite의 형용사적 쓰임**
- 형용사는 be동사 뒤에 쓰거나, 명사 앞에서 명사를 꾸며 주는 역할을 해요.
- favorite은 '가장[제일] 좋아하는'이라는 의미를 가진 형용사예요.
- 〈favorite + 명사〉의 형태로, 뒤의 명사를 꾸며서 '가장 좋아하는 (명사)'의 의미를 만들어요.

통문장 A 아래 문장을 3회 이상 듣고 따라 한 후, 통문장을 써 보세요. 🎧 ① ② ③

081 What is **your favorite movie**? ➡

당신이 가장 좋아하는 영화는 무엇입니까?

082 Who is **your favorite singer**? ➡

당신이 제일 좋아하는 가수는 누구입니까?

083 What is **your favorite color**? ➡

당신이 가장 좋아하는 색은 무엇입니까?

084 Who is **your favorite teacher**? ➡

당신이 가장 좋아하는 선생님은 누구입니까?

085 What is **your favorite food**? ➡

당신이 제일 좋아하는 음식은 무엇입니까?

문법 확인 우리말 의미에 맞게 연결하며 통문장 속 규칙을 확인하세요.

1 네가 제일 좋아하는 음식은 뭐야? • • What is • • your favorite color?

2 네가 가장 좋아하는 가수는 누구야? • • Who is • • your favorite teacher?

3 네가 제일 좋아하는 색은 뭐야? • • Who is • • your favorite food?

4 네가 가장 좋아하는 선생님은 누구야? • • What is • • your favorite singer?

➡ 가장 좋아하는 사람인지 사물인지에 따라 Who is 또는 What is를 선택해요.

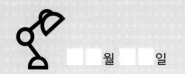

초등 필수 문법 **favorite의 명사적 쓰임**
- favorite은 형용사의 의미도 있지만, 명사로 '가장[제일] 좋아하는 것[사람]'이라는 의미도 있어요.
- 명사(favorite)는 주어 자리에 올 수 있어요.

통문장 B 아래 문장을 3회 이상 듣고 따라 한 후, 통문장을 써 보세요. 🎧 ① ② ③

086 **My favorite** is "The Avengers". ➡

제가 가장 좋아하는 것은 "어벤저스"입니다.

087 **My favorite singer** is Psy. ➡

제가 제일 좋아하는 가수는 싸이예요.

088 **My favorite** is green. ➡

제가 가장 좋아하는 것은 녹색입니다.

089 **My favorite teacher** is Ms. Lane. ➡

제가 제일 좋아하는 선생님은 레인 씨예요.

090 **My favorite** is pizza. ➡

제가 제일 좋아하는 것은 피자입니다.

문법 확인 우리말 의미에 맞게 연결하며 통문장 속 규칙을 확인하세요.

1	피자가 내가 가장 좋아하는 거야.	•	• My favorite	•	• is Psy.
2	내가 제일 좋아하는 가수는 싸이야.	•	• My favorite	•	• is pizza.
3	녹색이 내가 제일 좋아하는 것이야.	•	• My favorite singer	•	• is Ms. Lane.
4	내가 가장 좋아하는 선생님은 레인 씨야.	•	• My favorite teacher	•	• is green.

➲ My favorite은 사람이나 사물 모두를 가리켜 사용할 수 있어요.

1 우리말의 의미에 맞게 알맞은 영어 단어를 골라 대화를 완성하세요.

1　A　네가 제일 좋아하는 영화는 뭐야?　| your favorite | is | movie | What | Who |

➡ _____ ?

　　B　내가 제일 좋아하는 건 "어벤져스"야.　| are | "The Avengers" | My favorite | is |

➡ _____ .

2　A　네가 가장 좋아하는 가수는 누구니?　| singer | What | your favorite | is | Who |

➡ _____ ?

　　B　내가 가장 좋아하는 가수는 싸이야.　| singer | are | Psy | My favorite | is |

➡ _____ .

2 다음 대화를 완성하세요.

1　A　What is _____ ?　네가 가장 좋아하는 색은 무엇이니?

　　B　_____ is green.　내가 가장 좋아하는 것은 녹색이야.

2　A　Who is _____ ?　네가 제일 좋아하는 선생님은 누구니?

　　B　_____ is Ms. Lane.　내가 제일 좋아하는 선생님은 레인 씨야.

3　A　What is _____ ?　네가 가장 좋아하는 음식은 무엇이니?

　　B　_____ is pizza.　내가 가장 좋아하는 것은 피자야.

3 우리말을 영어로 쓴 것 중 틀린 부분을 찾고, 문장을 바르게 고쳐 쓰세요.

1　A　네가 제일 좋아하는 가수는 누구야?
　　What is your favorite singer?　➡

2　B　내가 가장 좋아하는 것은 녹색이야.
　　I favorite are green.　➡

3　A　네가 제일 좋아하는 영화는 뭐야?
　　What movie your favorite?　➡

✎ 서술형 문제 도전 **1** favorite을 형용사와 명사로 쓰기

scientist 과학자　　Edison 에디슨　　subject 과목　　history 역사

1　A　네가 가장 좋아하는 과학자는 누구니?

　　B　내가 가장 좋아하는 건 에디슨이야.

2　A　네가 제일 좋아하는 과목은 뭐야?

　　B　내가 제일 좋아하는 것은 역사야.

✎ 서술형 문제 도전 **2**

1 빈칸에 알맞은 말을 써서 대화를 완성하세요.

A: _____ is your favorite person?
B: My favorite is my grandma.

➡ _____

2 틀린 곳을 찾아 번호를 쓰고, 바르게 고쳐 쓰세요.

Who is your favorite game?
① ② ③ ④

_____ ➡ _____

51

DAY 10

where 의문문 / 장소 전치사

의문사 where 의문문

- 의문사 where는 '어디' 또는 '어디에'라는 의미예요.
- Where is[are] ~?에서 be동사는 '있다'로 해석해요.
- Where is[are] 뒤에 오는 단어가 주어이며, 이 주어에 따라 be동사를 써요.

통문장 A 아래 문장을 3회 이상 듣고 따라 한 후, 통문장을 써 보세요. 🎧 ① ② ③

091 **Where is** the post office? ➡

우체국은 어디에 있습니까?

092 **Where are** they? ➡

그들은 어디에 있습니까?

093 **Where is** Suji? ➡

수지는 어디에 있습니까?

094 **Where are** the toys? ➡

그 장난감들은 어디에 있습니까?

095 **Where is** my pen? ➡

나의 펜은 어디에 있습니까?

문법 확인 우리말 의미에 맞게 연결하며 통문장 속 규칙을 확인하세요.

1 그들은 어디 있어? •	• Where is	•	the post office?
2 내 펜은 어디 있니? •	• Where are	•	the toys?
3 그 장난감들은 어디 있어요? •	• Where is	•	they?
4 우체국이 어디죠? •	• Where are	•	my pen?

➲ 의문문에서 be동사는 뒤에 주어에 맞추어 am, are, is 중에서 선택해요.

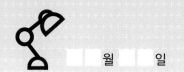

(초등 필수 문법) **장소 전치사**

- 위치나 장소를 말할 때, 위치나 장소 명사 앞에 쓰는 말을 전치사라고 해요.
- 전치사는 위치나 장소에 따라 in, on, at 등 다양하게 쓰며, 주로 '~에'라고 해석해요.
- 〈be동사 + 전치사 + 장소[위치]〉의 경우, be동사는 '있다'로 해석해요.

통문장 B 아래 문장을 3회 이상 듣고 따라 한 후, 통문장을 써 보세요. 🎧 ① ② ③

096 It is **on Main Street.** ➡

그것은 중앙 거리(위)에 있습니다.

097 They are **in the classroom.** ➡

그들은 교실(안)에 있습니다.

098 She is **at school.** ➡

그녀는 학교에 있습니다.

099 They are **in the box.** ➡

그것들은 상자(안)에 있습니다.

100 It is **on the desk.** ➡

그것은 책상(위)에 있습니다.

문법 확인 우리말 의미에 맞게 연결하며 통문장 속 규칙을 확인하세요.

1 그녀는 학교에 있어요. •	• It is •	• on Main Street.
2 그들은 교실(안)에 있어요. •	• They are •	• on the desk.
3 그것은 중앙 거리(위)에 있어요. •	• She is •	• at school.
4 그것은 책상(위)에 있어요. •	• It is •	• in the classroom.

➡ 〈in + 장소〉는 그 장소 '안에', 〈at + 장소〉는 그 장소'에', 〈on + 장소〉는 그 장소 '위에'라는 의미예요.

1 우리말의 의미에 맞게 알맞은 영어 단어를 골라 대화를 완성하세요.

1　A　수지는 어디에 있습니까?

| is | are | Where | Suji |

➡ ＿＿＿＿＿＿＿＿＿＿＿＿＿＿＿＿＿ ?

　　B　그녀는 학교에 있습니다.

| school | on | at | She | is |

➡ ＿＿＿＿＿＿＿＿＿＿＿＿＿＿＿＿＿ .

2　A　우체국은 어디에 있습니까?

| the post office | is | are | Where |

➡ ＿＿＿＿＿＿＿＿＿＿＿＿＿＿＿＿＿ ?

　　B　그것은 중앙 거리(위)에 있습니다.

| is | on | Main Street | at | It |

➡ ＿＿＿＿＿＿＿＿＿＿＿＿＿＿＿＿＿ .

2 다음 대화를 완성하세요.

1　A　＿＿＿＿＿＿＿＿＿ they?　　　　그들은 어디에 있습니까?

　　B　They ＿＿＿＿＿＿ the classroom.　그들은 교실(안)에 있습니다.

2　A　＿＿＿＿＿＿＿＿＿ the toys?　　　그 장난감들은 어디에 있습니까?

　　B　They ＿＿＿＿＿＿ the box.　　　그것들은 상자(안)에 있습니다.

3　A　＿＿＿＿＿＿＿＿＿ my pen?　　　나의 펜은 어디 있습니까?

　　B　It ＿＿＿＿＿＿ the desk.　　　그것은 책상(위)에 있습니다.

3 우리말을 영어로 쓴 것 중 틀린 부분을 찾고, 문장을 바르게 고쳐 쓰세요.

1 **A** 그 장난감들은 어디 있어?
    Are the toys where? ➡

2 **B** 그것들은 상자 안에 있어.
    They is the box in. ➡

3 **A** 우체국은 어디입니까?
    Where the post office is? ➡

✎ 서술형 문제 도전 **1** where 의문문과 장소 전치사를 이용하여 대답 쓰기

towel 수건   the bathroom 욕실   the bookstore 서점   the second floor 2층

1 **A** 수건들은 어디에 있나요?

    B 그것들은 욕실(안)에 있어요.

2 **A** 서점은 어디인가요?

    B 그것은 2층(위)에 있어요.

✎ 서술형 문제 도전 **2**

1 빈칸에 알맞은 말을 써서 대화를 완성하세요.

A: _____ my socks?
B: They are in the drawer.

➡ _____

2 틀린 곳을 찾아 번호를 쓰고, 바르게 고쳐 쓰세요.

The students are on the classroom.
    ①   ② ③   ④

_____ ➡ _____

3RD WEEK

영문법은 통문장 11~15

영어 단어 확인 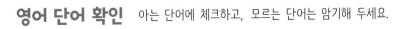 아는 단어에 체크하고, 모르는 단어는 암기해 두세요.

☑ **WORDS**

☐ **England** 영국

☐ **kitchen** 부엌

☐ **dish** 접시

☐ **behind** ~ 뒤에

☐ **flower** 꽃

☐ **bridge** (건너는) 다리

☐ **chopsticks** 젓가락(들)

☐ **touch** 만지다

☐ **vase** 꽃병, 화분

☐ **Brazil** 브라질

☑ **WORDS**

☐ **chair** 의자

☐ **Russia** 러시아

☐ **bottle** 병

☐ **quiet** 조용한

☐ **afraid** 두려워하는

☐ **stand up** 일어서다

☐ **living room** 거실

☐ **turn off** ~을 끄다

☐ **ask a question** 질문을 하다

☐ **play the piano** 피아노를 치다

전치사 from의 쓰임

초등 필수 문법 **의문사 where와 쓰는 from**

- 전치사 from은 '~으로부터, ~에서부터, ~에게서 온, ~에게서 받은'이라는 의미를 가지고 있어요.
- from은 사람의 출신지나 사물의 출처를 물을 때 써요.
- Where 의문문 끝에 from을 붙여서 사람이나 사물이 어디서 왔는지를 물어요.

통문장 A 아래 문장을 3회 이상 듣고 따라 한 후, 통문장을 써 보세요. 🎧 ① ② ③

101 **Where are** you **from**?

➡ 당신은 어디에서 왔나요?

102 **Where is** Mr. Ford **from**?

➡ 포드 씨는 어디에서 왔나요?

103 **Where are** they **from**?

➡ 그들은 어디에서 왔나요?

104 **Where is** that sound **from**?

➡ 저 소리는 어디에서 나는 겁니까?

105 **Where is** this smell **from**?

➡ 이 냄새는 어디에서 나는 겁니까?

문법 확인 우리말 의미에 맞게 연결하며 통문장 속 규칙을 확인하세요.

1 저 소리는 어디에서 나는 거야? •	• Where is •	• they from?
2 넌 어디에서 왔니? •	• Where are •	• that sound from?
3 그들은 어디에서 왔어? •	• Where is •	• this smell from?
4 이 냄새 어디에서 나는 거야? •	• Where are •	• you from?

🔵 Where is[are] ~ from?에서 be동사와 from은 '~에서 오다'라는 의미로, 출신지나 근원지를 의미해요.

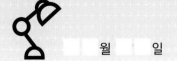

초등 필수 문법 **be동사 + from**
- 〈be동사 + 전치사 + 명사〉의 경우 be동사는 문맥에 맞게 해석해요.
- be동사 뒤에 〈from + 명사〉를 쓰면, '~으로부터 오다, ~에서 나다'라는 의미예요.

통문장 B 아래 문장을 3회 이상 듣고 따라 한 후, 통문장을 써 보세요. 🎧 ① ② ③

[106] **I am from** Busan.   ⇒
저는 부산에서 왔습니다.

[107] He **is from** England.   ⇒
그는 영국에서 왔습니다.

[108] They **are from** Brazil.   ⇒
그들은 브라질에서 왔습니다.

[109] It **is from** the living room.   ⇒
그것은 거실에서 나요.

[110] It **is from** the kitchen.   ⇒
그것은 부엌으로부터 나요.

문법 확인 우리말 의미에 맞게 연결하며 통문장 속 규칙을 확인하세요.

1 그는 영국 출신이에요. •   • I am from •   • Brazil.

2 그건 부엌에서 나요. •   • He is from •   • Busan.

3 그들은 브라질에서 왔어요. •   • They are from •   • England.

4 난 부산 출신이야. •   • It is from •   • the kitchen.

❍ from 뒤에는 출신지 또는 근원지를 의미하는 명사를 써요.

1 우리말의 의미에 맞게 알맞은 영어 단어를 골라 대화를 완성하세요.

1 A 포드 씨는 어디에서 왔나요?

| Mr. Ford | Where | from | is | are |

➡ _____ ?

B 그는 영국에서 왔습니다.

| He | England | from | is | are |

➡ _____ .

2 A 저 소리는 어디에서 나는 겁니까?

| from | is | are | Where | that sound |

➡ _____ ?

B 그것은 거실에서 나요.

| is | the living room | from | It | are |

➡ _____ .

2 다음 대화를 완성하세요.

1 A _____ are they _____ ?   그들은 어디에서 왔나요?

B _____ Brazil.   그들은 브라질에서 왔습니다.

2 A Where _____ you _____ ?   너는 어디 출신이니?

B _____ Busan.   난 부산에서 왔어.

3 A Where _____ this smell _____ ?   이 냄새는 어디에서 나는 겁니까?

B _____ the kitchen.   그것은 부엌으로부터 나요.

3 우리말을 영어로 쓴 것 중 틀린 부분을 찾고, 문장을 바르게 고쳐 쓰세요.

1 **A** 너는 어디서 왔어?
Is you from where? ➡

2 **B** 그들은 브라질 출신이에요.
They are Brazil from. ➡

3 **A** 이 냄새는 어디서 나는 거야?
Where this smell is from? ➡

✏ **서술형 문제 도전 1** 의문사 where와 전치사 from을 이용하여 쓰기

the smoke 그 연기   that candle 저 양초   the models 그 모델들   Russia 러시아

1 **A** 그 연기는 어디에서 나는 거니?

B 그것은 저 양초에서 나는 거야.

2 **A** 그 모델들은 어디 출신인가요?

B 그들은 러시아 출신이에요.

✏ **서술형 문제 도전 2**

1 대화의 빈칸에 공통으로 알맞은 말을 쓰세요.

A: Where is she _____?
B: She is _____ Jeju Island.

➡ _____

2 틀린 곳을 찾아 번호를 쓰고, 바르게 고쳐 쓰세요.

My best friend are from the U.S.A.
① ② ③ ④

_____ ➡ _____

61

DAY 12

위치 전치사 / There is[are] ~

[초등 필수 문법] **위치 전치사**

- in(~ 안에), on(~ 위에), at(~에), under(~ 아래에)와 같은 단어들이 위치를 나타내는 전치사예요.
- be동사 뒤에 위치를 의미하는 전치사구 〈전치사 + 명사〉가 오면, be동사는 '있다'로 해석해요.

통문장 [A] 아래 문장을 3회 이상 듣고 따라 한 후, 통문장을 써 보세요. 🎧 ① ② ③

111 **What is on** the desk? ➡

책상 위에 무엇이 있나요?

112 **What are on** the list? ➡

목록(위)에 무엇들이 있나요?

113 **What is in** the box? ➡

상자 안에 무엇이 있나요?

114 **What are behind** the bag? ➡

가방 뒤에 무엇들이 있나요?

115 **What is under** the table? ➡

탁자 아래에 무엇이 있나요?

문법 확인 우리말 의미에 맞게 연결하며 통문장 속 규칙을 확인하세요.

1 탁자 아래에 무엇이 있나요? •   • What are •   • on the desk?

2 가방 뒤에 무엇들이 있죠? •   • What is •   • behind the bag?

3 책상 위에 뭐가 있어? •   • What are •   • under the table?

4 목록에 있는 것들이 뭐야? •   • What is •   • on the list?

○ 무엇(하나)이 있는지 물을 때는 What is ~, 무엇들(둘 이상)이 있는지를 물을 때는 What are ~를 써요.

초등 필수 문법　**There is[are] ~**
- There is[are] ~는 '~이 있습니다'라는 표현이에요.
- There is[are] 뒤에 쓰는 말이 문장의 주어예요.
- 주어가 단수인지 복수인지에 따라 is나 are를 선택해요.

통문장 **B**　아래 문장을 3회 이상 듣고 따라 한 후, 통문장을 써 보세요. 🎧 ① ② ③

116 **There is** a book **on** the desk.　➡

책상 위에는 책이 있습니다.

117 **There are** names **on** the list.　➡

목록(위)에는 이름들이 있습니다.

118 **There is** a camera **in** the box.　➡

상자 안에는 카메라가 있습니다.

119 **There are** keys **behind** the bag.　➡

가방 뒤에는 열쇠들이 있습니다.

120 **There is** a puppy **under** the table.　➡

탁자 밑에는 강아지가 있습니다.

문법 확인　우리말 의미에 맞게 연결하며 통문장 속 규칙을 확인하세요.

1　가방 뒤에 열쇠들이 있어. •　• There is •　• a camera •　• under the table.

2　상자 안에 카메라가 있어. •　• There are •　• a puppy •　• behind the bag.

3　목록에는 이름들이 있어. •　• There is •　• keys •　• on the list.

4　탁자 밑에 강아지가 있네. •　• There are •　• names •　• in the box.

○ There is 뒤에는 단수 주어를 쓰고, There are 뒤에는 복수 주어를 써요.

63

1 우리말의 의미에 맞게 알맞은 영어 단어를 골라 대화를 완성하세요.

1 **A** 책상 위에 무엇이 있나요?

| the desk | on | What | is | are |

→   ?

B 책상 위에는 책이 있습니다.

| a book | on | There | the desk | is | are |

→   .

2 **A** 상자 안에 무엇이 있나요?

| are | in | the box | What | is |

→   ?

B 상자 안에는 카메라가 있습니다.

| the box | in | a camera | There | is | are |

→   .

2 다음 대화를 완성하세요.

1 **A**   on the list?   목록(위)에 무엇들이 있나요?

  B   names on the list.   목록(위)에는 이름들이 있습니다.

2 **A**   under the table?   탁자 아래에 무엇이 있나요?

  B   under the table.   탁자 밑에는 강아지가 있습니다.

3 **A**   behind the bag?   그 가방 뒤에는 무엇들이 있나요?

  B   behind the bag.   열쇠들이 그 가방 뒤에 있어요.

3 우리말을 영어로 쓴 것 중 틀린 부분을 찾고, 문장을 바르게 고쳐 쓰세요.

1 A 그 상자 안에 뭐가 있어?
Are there what in the box? ➡

2 B 탁자 아래 강아지가 있어.
There the table is under a puppy. ➡

3 A 그 가방 뒤에 무엇들이 있어?
What is the bag behind? ➡

✎ 서술형 문제 도전 **1** 위치 전치사와 There is[are] ~를 이용하여 쓰기

the chair 그 의자   a doll 인형   the book 그 책   notebook 공책

1 A 그 의자 위에는 뭐가 있나요?

B 그 의자 위에는 인형이 하나 있어요.

2 A 그 책 아래 무엇들이 있는 거야?

B 그 책 아래에는 공책들이 있어.

✎ 서술형 문제 도전 **2**

1 빈칸에 알맞은 말을 써서 대화를 완성하세요.

A: What is _____?
B: There is a flower in the vase.

➡ _____

2 틀린 곳을 찾아 번호를 쓰고, 바르게 고쳐 쓰세요.

There are a bottle on your desk.
①   ②   ③   ④

_____ ➡ _____

There is[are] ~ 의문문과 대답

초등 필수 문법 There is[are] ~ 의문문

- '~이 있습니까?'라는 질문을 할 때는 There is ~의 순서를 바꾸어 Is there ~?로, be동사를 문장 맨 앞에 써요.
- 주어가 복수일 때는 Are there ~?로 써요.

통문장 A 아래 문장을 3회 이상 듣고 따라 한 후, 통문장을 써 보세요. 🎧 ① ② ③

121 **Is there** a book **on** the desk? ➡

책상 위에 책이 있습니까?

122 **Are there** names **on** the list? ➡

목록에 이름들이 있습니까?

123 **Is there** a camera **in** the box? ➡

상자 안에 카메라가 있습니까?

124 **Are there** keys **behind** the bag? ➡

가방 뒤에 열쇠들이 있습니까?

125 **Is there** a puppy **under** the table? ➡

탁자 밑에 강아지가 있습니까?

문법 확인 우리말 의미에 맞게 연결하며 통문장 속 규칙을 확인하세요.

1 가방 뒤에 열쇠들이 있어? •	• Is there •	• a camera •	• under the table?
2 상자 안에 카메라가 있어? •	• Are there •	• a puppy •	• behind the bag?
3 목록에 이름들이 있어? •	• Is there •	• keys •	• on the list?
4 탁자 밑에 강아지가 있니? •	• Are there •	• names •	• in the box?

🔾 Is there ~ 뒤에는 단수 명사가, Are there ~ 뒤에는 복수 명사가 와요.

초등 필수 문법 There is[are] ~ 의문문에 대한 대답

- Is[Are] there ~?로 묻는 질문에는 Yes 또는 No로 답해요.
- Yes 뒤에는 there is[are], No 뒤에는 there isn't[aren't]를 써요.
- isn't는 is not, aren't는 are not의 줄임말이에요.

통문장 B 아래 문장을 3회 이상 듣고 따라 한 후, 통문장을 써 보세요. 🎧 ① ② ③

126 Yes, **there is.**

⇒ 네, (책이) 있습니다.

127 No, **there aren't.**

⇒ 아니요, (이름들이) 없습니다.

128 No, **there isn't.**

⇒ 아니요, (카메라가) 없습니다.

129 Yes, **there are.**

⇒ 네, (열쇠들이) 있습니다.

130 No, **there isn't.**

⇒ 아니요, (강아지가) 없습니다.

문법 확인 우리말 의미에 맞게 연결하며 통문장 속 규칙을 확인하세요.

1 네, (열쇠들이) 있어요. •   • Yes, •   • there isn't.

2 아뇨, (카메라가) 없어요. •   • No, •   • there is.

3 네, (책이) 있어요. •   • Yes, •   • there aren't.

4 아뇨, (이름들이) 없어요. •   • No, •   • there are.

❍ 질문에서 주어가 단수인지 복수인지에 따라, there is를 쓸지, there are를 쓸지 결정해요.

1 우리말의 의미에 맞게 알맞은 영어 단어를 골라 대화를 완성하세요.

1 **A** 책상 위에 책이 있습니까?

the desk	on	a book	Is	Are	there

➡ _____?

B 네, 있어요.

Yes,	No,	is	are	not	there

➡ _____.

2 **A** 목록에 이름들이 있습니까?

the list	Is	Are	there	names	on

➡ _____?

B 아니요, 없어요.

aren't	there	Yes,	isn't	No,

➡ _____.

2 다음 대화를 완성하세요.

1 **A** _____ a camera in the box?　　상자 안에 카메라가 있습니까?

B No, _____.　　아니요, 없어요.

2 **A** _____ behind the bag?　　가방 뒤에 열쇠들이 있습니까?

B Yes, _____.　　네, 있어요.

3 **A** _____ under the table?　　탁자 밑에 강아지가 있습니까?

B No, _____.　　아니요, 없어요.

3 우리말을 영어로 쓴 것 중 틀린 부분을 찾고, 문장을 바르게 고쳐 쓰세요.

1 A 책상 위에 책이 있나요?
Are there a book in the desk?   ➡

2 A 그 목록에 이름들이 있나요?
Are names there behind the list?   ➡

3 A 그 가방 뒤에 열쇠들이 있나요?
Is there keys on the bag?   ➡

✎ 서술형 문제 도전 **1** There is[are] ~ 의문문과 대답 쓰기

this lake 이 호수   around ~ 주변에   a bridge 다리
the drawer 그 서랍   in ~ 안에   chopstick 젓가락

1 A 이 호수 주변에 다리가 있나요?

   B 아니요, 없어요.

2 A 그 서랍 안에 젓가락들이 있나요?

   B 네, 있어요.

✎ 서술형 문제 도전 **2**

1 빈칸에 알맞은 말을 써서 대화를 완성하세요.

A: Are there monkeys in the zoo?
B: No, _____.

➡ _____

2 틀린 곳을 찾아 번호를 쓰고, 바르게 고쳐 쓰세요.

Are there a bed in your room?
①   ②   ③   ④

_____ ➡ _____

69

명령문

초등 필수 문법 **긍정 명령문**

- 주어 없이, 동사로 문장을 시작하면 '~하세요'라는 의미를 만들어요.
- Be로 문장을 시작하면 '~한 상태가 되세요'라는 의미가 돼요.
- please(제발)라는 말을 빼면, 좀 더 강한 명령이나 지시의 의미가 될 수 있어요.

통문장 Ⓐ 아래 문장을 3회 이상 듣고 따라 한 후, 통문장을 써 보세요. 🎧 ① ② ③

131 **Open the window** please. ➡

창문을 열어 주세요.

132 **Be quiet** please. ➡

조용히 해 주세요.

133 **Close the door**. ➡

문을 닫아.

134 **Be careful**. ➡

조심해.

135 **Stand up** please. ➡

일어나 주세요.

문법 확인 우리말 의미에 맞게 연결하며 통문장 속 규칙을 확인하세요.

1 일어나 주세요. •	• Close	•	• careful.
2 조용히 해 주세요. •	• Be	•	• up please.
3 문을 닫아. •	• Stand	•	• quiet please.
4 조심해. •	• Be	•	• the door.

❖ Be 뒤에는 형용사를 쓰면, '~한 상태가 되라, ~한 상태로 있어라'라는 의미가 돼요.

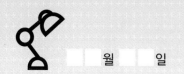

[초등 필수 문법] **부정 명령문**

- 명령하는 문장 앞에 Don't를 붙이면 '~하지 마라'라는 금지 또는 경고의 의미가 돼요.
- Don't be로 문장을 시작하면, '~한 상태가 되지 마라'라는 의미가 돼요.

통문장 B 아래 문장을 3회 이상 듣고 따라 한 후, 통문장을 써 보세요. 🎧 ① ② ③

136 **Don't close** it please. ⟹

그것을 닫지 마세요.

137 **Don't be** silly. ⟹

어리석게 굴지 마.

138 **Don't leave** the room please. ⟹

방을 떠나지 마세요.

139 **Don't be** afraid please. ⟹

두려워하지 마세요.

140 **Don't run around.** ⟹

뛰어다니지 마.

문법 확인 우리말 의미에 맞게 연결하며 통문장 속 규칙을 확인하세요.

1 어리석게 굴지 마.	•	• Don't	•	• silly.
2 뛰어다니지 마.	•	• Don't be	•	• afraid please.
3 두려워 마세요.	•	• Don't	•	• run around.
4 방을 떠나지 마세요.	•	• Don't be	•	• leave the room please.

❍ Don't be 뒤에는 형용사를 쓰면, '~한 상태가 되지 마라, ~한 상태로 있지 마라'라는 의미예요.

1 우리말의 의미에 맞게 알맞은 영어 단어를 골라 대화를 완성하세요.

1 A 조심해.

| careful | Be | please | Don't |

➡ _____ .

B 두려워하지 마세요.

| afraid | be | please | Don't | Be |

➡ _____ .

2 A 문을 닫아.

| the door | Close | please | Don't |

➡ _____ .

B 방을 떠나지 마세요.

| the room | leave | be | please | Don't |

➡ _____ .

2 다음 대화를 완성하세요.

1 A _____ the window please.   창문을 열어 주세요.

B _____ it please.   그것을 닫지 마세요.

2 A _____ quiet please.   조용히 해 주세요.

B _____ silly.   어리석게 굴지 마.

3 A _____ up please.   일어나 주세요.

B _____ around.   뛰어다니지 마.

3 우리말을 영어로 쓴 것 중 틀린 부분을 찾고, 문장을 바르게 고쳐 쓰세요.

1 Ⓑ 뛰어다니지 마.
Not run around.

2 Ⓑ 어리석게 굴지 마.
Don't do silly.

3 Ⓑ 방을 떠나지 마세요.
Leave not the room please.

✎ 서술형 문제 도전 ① 명령문 쓰기

careful 조심하는   watch your step 발밑을 조심하다
turn off ~을 끄다   your phone 당신의 전화기   use 사용하다

1 Ⓐ 조심해.

Ⓑ 발밑을 조심해.

2 Ⓐ 당신의 전화기를 꺼 주세요.

Ⓑ 당신의 전화기를 사용하지 마세요.

✎ 서술형 문제 도전 ②

1 주어진 단어를 이용하여 대화를 완성하세요.

A: Please don't _____. (late)
B: Don't worry.

➡ _____

2 틀린 곳을 찾아 번호를 쓰고, 바르게 고쳐 쓰세요.

Not touch the dish. It's hot.
① ② ③ ④

_____ ➡ _____

73

조동사 can의 쓰임

조동사 can 의문문

- can은 '~할 수 있다'라는 말이에요.
- Can I[you] 뒤에 동사를 넣어 '~할 수 있나요?'라는 의미를 만들어요.
- '~할 수 있나요?'라는 말은 '~할 능력이 있나요?'라는 의미와 '~하는 것이 가능하나요?'라는 의미도 될 수 있어요.

통문장 Ⓐ 아래 문장을 3회 이상 듣고 따라 한 후, 통문장을 써 보세요. 🎧 ① ② ③

141 **Can I sit** here? ➡
제가 여기에 **앉을 수 있나요?**

142 **Can you help** me? ➡
당신은 저를 **도울 수 있나요?**

143 **Can I take** a picture? ➡
제가 사진을 **찍을 수 있나요?**

144 **Can you cook**? ➡
당신은 **요리할 수 있나요?**

145 **Can you play** the piano? ➡
당신은 피아노를 **칠 수 있나요?**

문법 확인 우리말 의미에 맞게 연결하며 통문장 속 규칙을 확인하세요.

1 나를 도와줄 수 있어? •	• Can I	•	• take a picture?
2 여기 앉아도 될까요? •	• Can you	•	• help me?
3 요리할 줄 아세요? •	• Can I	•	• cook?
4 내가 사진 찍어도 될까? •	• Can you	•	• sit here?

➊ '~하는 것이 가능할까요?'라는 말은 '~해도 될까요?'라는 허락을 구하는 의미도 돼요.

74

초등 필수 문법 **조동사 can 평서문 (긍정, 부정)**

- 〈can + 동사〉는 '~할 수 있다'라는 의미예요.
- can't는 cannot의 줄임말이며, 〈can't + 동사〉는 '~할 수 없다'라는 의미예요.
- can이나 can't 뒤에는 동사원형을 써요.

통문장 B 아래 문장을 3회 이상 듣고 따라 한 후, 통문장을 써 보세요. 🎧 ① ② ③

146 You **can sit** here.　➡

당신은 여기에 앉을 수 있어요.

147 I **can't help** you.　➡

저는 당신을 도울 수 없어요.

148 You **can't take** a picture.　➡

당신은 사진을 찍을 수 없어요.

149 I **can't cook**.　➡

저는 요리할 수 없어요.

150 I **can play** the piano.　➡

저는 피아노를 칠 수 있어요.

문법 확인 우리말 의미에 맞게 연결하며 통문장 속 규칙을 확인하세요.

1 내가 널 도와줄 수 없어.	•	• You can •	• help you.
2 넌 여기 앉을 수 있어.	•	• You can't •	• take a picture.
3 난 요리 못해요.	•	• I can't •	• cook.
4 사진 찍으면 안 돼요.	•	• I can't •	• sit here.

↻ '~할 수 없다'라는 말은 '~하면 안 된다'라는 금지의 의미가 되기도 해요.

75

1 우리말의 의미에 맞게 알맞은 영어 단어를 골라 대화를 완성하세요.

1   A   당신은 요리할 수 있나요?

| you | cook | Can | Can't | I |

➡   ?

    B   아니요. 저는 요리 못해요.

| I | cook | can | can't | you |

➡ No.   .

2   A   제가 사진을 찍을 수 있나요?

| a picture | you | take | Can | Can't | I |

➡   ?

    B   아뇨. 당신은 사진을 찍을 수 없어요.

| can | can't | You | take | I | a picture |

➡ No.   .

2 다음 대화를 완성하세요.

1   A   help me?   당신은 저를 도울 수 있나요?

    B   help you.   저는 당신을 도울 수 없어요.

2   A   sit here?   제가 여기에 앉을 수 있나요?

    B   sit here.   당신은 여기에 앉을 수 있어요.

3   A   play the piano?   당신은 피아노를 칠 수 있나요?

    B   play the piano.   저는 피아노를 칠 수 있어요.

3 우리말을 영어로 쓴 것 중 틀린 부분을 찾고, 문장을 바르게 고쳐 쓰세요.

1 A 너는 피아노를 칠 수 있니?
You plays can the piano?   ➡

2 B 난 너를 도울 수 없어.
Can't I help you.   ➡

3 A 제가 사진을 찍을 수 있나요?
I can't take a picture?   ➡

✎ 서술형 문제 도전 **1** 조동사 can을 넣어 문장 쓰기

a question 질문   ask 묻다   this box 이 상자   move 옮기다

1 A 내가 질문을 하나 해도 될까요?

B 네. 당신은 질문을 해도 됩니다.   Yes.

2 A 너 이 상자를 옮길 수 있어?

B 아니. 나는 이 상자를 옮길 수 없어.   No.

✎ 서술형 문제 도전 **2**

1 빈칸에 알맞은 말을 써서 대화를 완성하세요.

A: _____ ride the bike?
B: Yes, you can.

➡ _____

2 틀린 곳을 찾아 번호를 쓰고, 바르게 고쳐 쓰세요.

I can don't go to the party with you.
① ② ③ ④

_____ ➡ _____

77

4ᵀᴴ WEEK

영어 단어 확인 아는 단어에 체크하고, 모르는 단어는 암기해 두세요.

☐ **talk** 말하다   ☐ **interesting** 재미있는, 흥미로운

☐ **have** 가지다, (식사를) 하다   ☐ **silly** 어리석은

☐ **drive** 운전하다   ☐ **excellent** 탁월한

☐ **taste** 맛보다   ☐ **homework** 숙제

☐ **use** 사용하다   ☐ **remember** 기억하다

☐ **leave** 떠나다   ☐ **know** 알다

☐ **buy** 사다   ☐ **get up** 일어나다

☐ **careful** 조심하는   ☐ **by subway** 지하철로

☐ **library** 도서관   ☐ **for a long time** 오랫동안

☐ **study** 공부하다   ☐ **play basketball** 농구를 하다

조동사 may의 쓰임

[초등 필수 문법] **조동사 may 의문문**

- may는 '~해도 좋다, ~해도 되다'라는 말이에요.
- may(~해도 된다)는 can의 '가능하다'라는 의미와 같아요.
- May I나 Can I 뒤에는 동사원형을 써요.

통문장 Ⓐ 아래 문장을 3회 이상 듣고 따라 한 후, 통문장을 써 보세요. 🎧 ① ② ③

151 **May I** talk to you?

➡ 제가 당신에게 말해도 될까요?

152 **Can I** talk to you?

➡ 제가 당신에게 말할 수 있을까요?

153 **May I** have it?

➡ 제가 그것을 가져도 될까요?

154 **Can I** have it?

➡ 제가 그것을 가질 수 있을까요?

155 **May I** see your ticket?

➡ 제가 당신의 티켓을 봐도 될까요?

문법 확인 우리말 의미에 맞게 연결하며 통문장 속 규칙을 확인하세요.

1 내가 네 티켓을 봐도 돼? ·　　· May I ·　　· talk to you?

2 내가 그거 가져도 돼? ·　　· May I ·　　· have it?

3 내가 네게 말해도 돼? ·　　· Can I ·　　· see your ticket?

4 내가 그거 가질 수 있어? ·　　· May I ·　　· have it?

○ May I ~와 Can I ~는 가능한지를 묻는 표현으로 같은 말이에요. 즉, 둘 중 아무거나 써도 돼요.

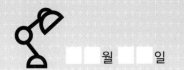

초등 필수 문법 **조동사 may 평서문 (긍정, 부정)**

- may로 물으면 may로 답하고, can으로 물으면 can으로 답해요.
- may not은 줄여서 쓰지 않지만, cannot은 can't로 줄여서 써요.
- Yes 대신 Sure(물론이죠)나 Of course(당연하죠), No 대신 Sorry(죄송해요)와 같은 표현을 쓰기도 해요.

통문장 B 아래 문장을 3회 이상 듣고 따라 한 후, 통문장을 써 보세요. 🎧 ① ② ③

156 Yes, you **may** talk to me. ➡

네, 당신은 나에게 말해도 **좋아요.**

157 Yes, you **can** talk to me. ➡

네, 당신은 나에게 **말할 수 있어요.**

158 Sorry, you **may not** have it. ➡

미안하지만, 당신은 그것을 가지면 **안 돼요.**

159 No, you **can't** have it. ➡

아니요, 당신은 그것을 **가질 수 없어요.**

160 Of course, you **may** see my ticket. ➡

당연히, 당신은 제 티켓을 봐도 돼요.

문법 확인 우리말 의미에 맞게 연결하며 통문장 속 규칙을 확인하세요.

1 당연히, 너는 내 티켓을 봐도 돼. •   • Yes,   •   • you may   •   • have it.

2 아니, 넌 그것을 가질 수 없어. •   • No,   •   • you can't   •   • have it.

3 응, 넌 나에게 말할 수 있어. •   • Sorry,   •   • you may not   •   • talk to me.

4 미안한데, 넌 그걸 가지면 안 돼. •   • Of course,   •   • you can   •   • see my ticket.

➲ Of course나 Sure 뒤에는 you may[can]을 쓰고, Sorry(미안해) 뒤에는 you may not[can't]을 써요.

1 우리말의 의미에 맞게 알맞은 영어 단어를 골라 대화를 완성하세요.

1 A 네가 네 티켓을 봐도 될까?

| I | your | ticket | May | see |

⇒ _____ ?

B 당연히, 넌 내 티켓을 봐도 돼.

| my ticket | you | Of course, | may | see |

⇒ _____ .

2 A 제가 이것을 가질 수 있을까요?

| I | have | Can | it |

⇒ _____ ?

B 아뇨, 당신은 그걸 가질 수 없어요.

| can | No, | you | can't | have | it |

⇒ _____ .

2 다음 대화를 완성하세요.

1 A _____ have it?   제가 그것을 가져도 될까요?

   B Sorry, you may _____ .   미안한데, 당신은 그것을 가지면 안 돼요.

2 A Can _____ to you?   제가 당신에게 말할 수 있을까요?

   B Yes, you _____ to me.   네, 당신은 나에게 말할 수 있어요.

3 A May _____ ?   제가 당신에게 말해도 될까요?

   B Yes, you _____ .   네, 당신은 나에게 말해도 좋아요.

3 우리말을 영어로 쓴 것 중 틀린 부분을 찾고, 문장을 바르게 고쳐 쓰세요.

1　Ⓑ　네, 당신은 저에게 이야기해도 돼요.
　　Yes, you talk may to me.　➡

2　Ⓐ　제가 그걸 가질 수 있어요?
　　You can have it?　➡

3　Ⓐ　제가 당신의 표를 봐도 될까요?
　　May you sees your ticket?　➡

✎ 서술형 문제 도전 ❶ 조동사 may를 넣어 문장 쓰기

the soup 그 수프　　taste 맛을 보다　　lock 잠그다　　the door 그 문

1　Ⓐ　내가 그 수프 맛을 봐도 될까?

　　Ⓑ　응, 너는 그 수프 맛을 봐도 돼.

2　Ⓐ　제가 그 문을 잠가도 될까요?

　　Ⓑ　아뇨, 당신은 문을 잠그면 안 돼요.

✎ 서술형 문제 도전 ❷

1 빈칸에 알맞은 말을 써서 대화를 완성하세요.

A: _____ use it?
B: Sure, you may use it.

➡ _____

2 틀린 곳을 찾아 번호를 쓰고, 바르게 고쳐 쓰세요.

You don't may leave the classroom.
①　　②　　③　　④

_____ ➡ _____

83

청유문과 대답

초등 필수 문법 **청유문**

- 청유문이란 무엇을 같이 하자고 제안 또는 요청하는 문장을 말해요.
- Let's 뒤에 동사를 넣어 '~합시다, ~하자'라는 의미를 만들어요.
- Let's not 뒤에 동사를 넣으면 '~하지 맙시다, ~하지 말자'라는 의미가 돼요.

통문장 A 아래 문장을 3회 이상 듣고 따라 한 후, 통문장을 써 보세요. 🎧 ① ② ③

161	**Let's go** to the park.	➡	
			공원에 갑시다.
162	**Let's not buy** it.	➡	
			그것을 사지 맙시다.
163	**Let's be** careful.	➡	
			조심합시다.
164	**Let's not be** late.	➡	
			늦지 맙시다.
165	**Let's study** in the library.	➡	
			도서관에서 **공부합시다.**

문법 확인 우리말 의미에 맞게 연결하며 통문장 속 규칙을 확인하세요.

1 늦지 말자. •   • Let's •   • be careful.

2 도서관에서 공부하자. •   • Let's not •   • buy it.

3 그거 사지 말자. •   • Let's •   • study in the library.

4 조심하자. •   • Let's not •   • be late.

🔘 Let's (not) 뒤에 〈be + 형용사〉가 오면 '~한 상태가 되자(되지 말자)'라는 의미가 돼요.

84

초등 필수 문법　청유문에 대한 대답

- sound는 '~하게 들리다'라는 의미이고, That is ~ idea는 '그거 ~한 생각이다'라는 의미예요.
- That sounds 뒤에 형용사를 넣어, '그거 ~하게 들린다'라는 의미를 만들어요.
- idea를 수식하는 형용사(great)가 자음으로 시작하면 앞에 a를 쓰고, 모음으로 시작(interesting)하면 an을 써요.

통문장 Ⓑ 아래 문장을 3회 이상 듣고 따라 한 후, 통문장을 써 보세요. 🎧 ① ② ③

166 **That sounds** interesting.　　⇒

　　　　　　　　　　　　　　　　　그거 재미있게 들립니다.

167 **That is a** great **idea.**　　⇒

　　　　　　　　　　　　　　　　　그거 훌륭한 생각입니다.

168 **That sounds** silly.　　⇒

　　　　　　　　　　　　　　　　　그거 어리석게 들립니다.

169 **That is an** interesting **idea.**　　⇒

　　　　　　　　　　　　　　　　　그거 재미있는 생각입니다.

170 **That is a** bad **idea.**　　⇒

　　　　　　　　　　　　　　　　　그거 안 좋은 생각입니다.

문법 확인 우리말 의미에 맞게 연결하며 통문장 속 규칙을 확인하세요.

1　그거 아주 좋은 생각이야. ·　　　　· That sounds ·　　　　· silly.

2　그거 재미있게 들리네. ·　　　　· That is ·　　　　· a bad idea.

3　그건 안 좋은 생각이야. ·　　　　· That sounds ·　　　　· a great idea.

4　그건 어리석게 들려. ·　　　　· That is ·　　　　· interesting.

　　　◑ 〈sound + 형용사〉는 '~한 소리가 나다'라는 의미로 '~하게 들리다'라고 해석해요.

1 우리말의 의미에 맞게 알맞은 영어 단어를 골라 대화를 완성하세요.

1 **A** 공원에 갑시다.

| the park | go to | Let's | not |

➡   .

B 그거 재미있게 들립니다.

| That | interesting | a | is | sounds |

➡   .

2 **A** 그것을 사지 맙시다.

| it | buy | Let's | not | don't |

➡   .

B 그거 훌륭한 생각입니다.

| That | great | a | is | sounds | idea |

➡   .

2 다음 대화를 완성하세요.

1 **A**   careful.   조심합시다.

    B That   silly.   그거 어리석게 들립니다.

2 **A**   late.   늦지 맙시다.

    B That   idea.   그거 재미있는 생각입니다.

3 **A**   in the library.   도서관에서 공부합시다.

    B That   idea.   그거 안 좋은 생각입니다.

3 우리말을 영어로 쓴 것 중 틀린 부분을 찾고, 문장을 바르게 고쳐 쓰세요.

1 Ⓑ 그거 나쁜 생각입니다.
That sounds bad idea.　　⇒

2 Ⓐ 그것을 사지 맙시다.
Let's don't buy it.　　⇒

3 Ⓐ 늦지 맙시다.
Let's not late.　　⇒

✎ 서술형 문제 도전 **1** 청유문과 대답 쓰기

be ~이다　　quiet 조용한　　loud 시끄러운
swim 수영하다　　in the river 강에서　　excellent 탁월한

1 Ⓐ 조용히 하자.

Ⓑ 그래. 시끄럽게 하지 말자.　　OK.

2 Ⓐ 강에서 수영하자.

Ⓑ 그거 탁월한 생각이네.

✎ 서술형 문제 도전 **2**

1 빈칸에 알맞은 말을 써서 대화를 완성하세요.

A: Let's do the homework together.
B: That s_____ great!

⇒ _____

2 틀린 곳을 찾아 번호를 쓰고, 바르게 고쳐 쓰세요.

Let's buy not a ball at the store.
　①　　②　　③　　　④

_____ ⇒ _____

일반동사 의문문과 대답

초등 필수 문법 **일반동사 의문문**

- 일반동사란 be동사를 제외한 나머지 모든 동사를 말해요.
- 의문문을 만들 때, be동사와는 달리 일반동사를 주어 앞으로 옮기지 않아요.
- 일반동사의 의문문은 〈Do[Does] + 주어 + 동사원형〉의 어순으로 써요.
- 주어가 3인칭 단수(I(나), you(너)를 제외한 한 명, 하나)일 때, Do가 아니라 Does를 써요.

통문장 **A** 아래 문장을 3회 이상 듣고 따라 한 후, 통문장을 써 보세요. 🎧 ① ② ③

171 **Do you** get up early? ➡ 당신은 일찍 일어납니까?

172 **Does she** exercise? ➡ 그녀는 운동합니까?

173 **Do they** play basketball? ➡ 그들은 농구를 합니까?

174 **Does Minwoo** know you? ➡ 민우가 당신을 압니까?

175 **Do your parents** work? ➡ 당신의 부모님은 일합니까?

문법 확인 우리말 의미에 맞게 연결하며 통문장 속 규칙을 확인하세요.

1 그들은 농구를 하니? •	• Do •	• Minwoo •	• exercise?
2 넌 일찍 일어나니? •	• Does •	• she •	• play basketball?
3 민우가 널 알아? •	• Do •	• you •	• know you?
4 그녀는 운동하니? •	• Does •	• they •	• get up early?

❍ Do는 의문문을 만들기 위해 쓰인 단어로 해석하지 않아요. 주어가 '그, 그녀'와 같이 I(나)나 you(너)를 제외한 한 명일 때는 Does를 써요.

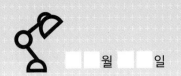

(초등 필수 문법) **일반동사 의문문에 대한 대답**

- Do나 Does로 시작하는 질문에는 do나 does로 대답해요.
- 부정의 대답은 do[does] 뒤에 not을 써요.
- don't는 do not의 줄임말이고, doesn't는 does not의 줄임말이에요.

통문장 Ｂ 아래 문장을 3회 이상 듣고 따라 한 후, 통문장을 써 보세요. 🎧 ① ② ③

176 **No**, I **don't.**

➡ 아니요, 저는 하지 않습니다.

177 **Yes**, she **does.**

➡ 네, 그녀는 합니다.

178 **No**, they **don't.**

➡ 아니요, 그들은 하지 않습니다.

179 **No**, he **doesn't.**

➡ 아니요, 그는 그렇지 않습니다.

180 **Yes**, they **do.**

➡ 네, 그들은 합니다.

문법 확인 우리말 의미에 맞게 연결하며 통문장 속 규칙을 확인하세요.

1 아니, 난 안 해. •	• Yes, she •	• does.
2 응, 그녀는 해. •	• No, I •	• doesn't.
3 아니, 그는 안 해. •	• Yes, they •	• don't.
4 응, 그들은 해. •	• No, he •	• do.

○ 주어가 3인칭 단수일 때만 does를 사용해요.

1 우리말의 의미에 맞게 알맞은 영어 단어를 골라 대화를 완성하세요.

1 **A** 그녀는 운동합니까?

| exercise | she | Do | Does |

➡ _____ ?

B 네, 그녀는 합니다.

| Yes, | do | does | not | she |

➡ _____ .

2 **A** 민우가 당신을 압니까?

| Do | Does | know | you | Minwoo |

➡ _____ ?

B 아니요, 그는 그렇지 않습니다.

| No, | he | I | don't | doesn't |

➡ _____ .

2 다음 대화를 완성하세요.

1 **A** _____ your parents work?   당신의 부모님은 일합니까?

  B Yes, _____ .   네, 그들은 합니다.

2 **A** _____ get up early?   당신은 일찍 일어납니까?

  B No, _____ .   아니요, 저는 하지 않습니다.

3 **A** _____ they _____ basketball?   그들은 농구를 합니까?

  B No, _____ .   아니요, 그들은 하지 않습니다.

3 우리말을 영어로 쓴 것 중 틀린 부분을 찾고, 문장을 바르게 고쳐 쓰세요.

1 Ⓐ 그들은 농구를 하니?
They do play basketball? ➡

2 Ⓐ 그녀는 운동을 하니?
Do she exercise? ➡

3 Ⓐ 민우는 너를 아니?
Do Minwoo knows you? ➡

❍ 주어가 3인칭 단수일 때는 Does를 쓰고, 주어 뒤의 동사는 원형으로 써요.

✎ 서술형 문제 도전 **1** 일반동사 의문문과 대답 쓰기

your friends 네 친구들   carrots 당근들   like 좋아하다

your dad 너의 아빠   work 일하다   in the company 그 회사에서

1 Ⓐ 네 친구들은 당근을 좋아하니?

   Ⓑ 아니요, 그들은 그렇지 않아요.

2 Ⓐ 너네 아빠는 그 회사에서 일하시니?

   Ⓑ 응, 그는 그래.

✎ 서술형 문제 도전 **2**

1 빈칸에 알맞은 말을 써서 대화를 완성하세요.

A: _____ live in Seoul?
B: No, they don't.

➡ _____

2 틀린 곳을 찾아 번호를 쓰고, 바르게 고쳐 쓰세요.

Does Sally and Peter like reading?
  ①   ②   ③   ④

_____ ➡ _____

일반동사 현재형

초등 필수 문법 **일반동사 현재형 긍정문**
- 어떤 것을 하는지 하지 않는지를 설명할 때는 주어 뒤에 동사원형을 써요.
- 주어가 3인칭 단수(I, you를 제외한 한 명)이면 동사 끝에 -(e)s를 붙여요.
- 단, have는 주어가 3인칭 단수일 때 has로 써요.

통문장 Ⓐ 아래 문장을 3회 이상 듣고 따라 한 후, 통문장을 써 보세요. 🎧 ① ② ③

181 **I have** two sisters.

➡ 저는 두 명의 여동생을 가지고 있습니다.

182 **My mom has** a car.

➡ 저의 엄마는 차를 가지고 있습니다.

183 **He goes** to school early.

➡ 그는 일찍 학교에 갑니다.

184 **She runs** in the morning.

➡ 그녀는 아침에 달립니다.

185 **You eat** a lot.

➡ 당신은 많이 먹는군요.

문법 확인 우리말 의미에 맞게 연결하며 통문장 속 규칙을 확인하세요.

1 엄마는 차가 있어요. •	• You •	• eat •	• a car.
2 그는 학교에 일찍 가요. •	• He •	• has •	• a lot.
3 저는 여동생 둘이 있어요. •	• My mom •	• goes •	• two sisters.
4 넌 많이 먹는구나. •	• I •	• have •	• to school early.

○ 주어가 3인칭 단수이면 동사에 -(e)s를 붙여요. 단, have는 has로 써요.

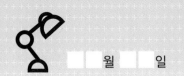

[초등 필수 문법] **일반동사 현재형 부정문**
- 뭔가를 하지 않는다고 할 때는 동사 앞에 don't나 doesn't를 써요.
- don't[doesn't] 뒤에는 동사원형(-(e)s를 붙이지 않은 형태)을 써요.
- 주어가 3인칭 단수일 때 doesn't를 써요.

통문장 [B] 아래 문장을 3회 이상 듣고 따라 한 후, 통문장을 써 보세요. 🎧 ① ② ③

[186] **I don't have** a sister.

➡

　저는 여자 형제를 가지고 있지 않습니다.

[187] **My mom doesn't drive**.

➡

　저의 엄마는 운전하지 않습니다.

[188] **He doesn't have** breakfast.

➡

　그는 아침을 먹지 않습니다.

[189] **She doesn't run** for a long time.

➡

　그녀는 오랜 시간 동안 달리지 않습니다.

[190] **I don't eat** at night.

➡

　저는 밤에는 먹지 않습니다.

문법 확인 우리말 의미에 맞게 연결하며 통문장 속 규칙을 확인하세요.

1　엄마는 운전하지 않아요. •	• I •	• don't •	• drive.
2　저는 여동생이 없어요. •	• He •	• don't •	• have breakfast.
3　그는 아침을 먹지 않아요. •	• My mom •	• doesn't •	• eat at night.
4　저는 밤에는 먹지 않아요. •	• I •	• doesn't •	• have a sister.

○ 주어가 3인칭 단수일 때만 동사 앞에 doesn't를 사용해요.

93

1 우리말의 의미에 맞게 알맞은 영어 단어를 골라 대화를 완성하세요.

1 **A** 당신은 많이 먹는군요.

| eat | a lot | You | eats |

➡   .

B 저는 밤에는 먹지 않습니다.

| don't | at night | doesn't | eat | I |

➡   .

2 **A** 그녀는 아침에 달려.

| runs | in the morning | She | run |

➡   .

B 그녀는 오래 달리지 않아.

| She | for a long time | run | don't | doesn't |

➡   .

2 다음 대화를 완성하세요.

1 **A** He   to school early.   그는 일찍 학교에 갑니다.

B He   breakfast.   그는 아침을 먹지 않습니다.

2 **A** My mom   a car.   나의 엄마는 차를 가지고 있어.

B My mom   .   나의 엄마는 운전을 하지 않아.

3 **A** I   two sisters.   저는 두 명의 여동생이 있어요.

B I   a sister.   저는 여자 형제가 없어요.

3 우리말을 영어로 쓴 것 중 틀린 부분을 찾고, 문장을 바르게 고쳐 쓰세요.

1 Ⓑ 그녀는 오래 달리지는 않아요.
She don't runs for a long time. ⇒

2 Ⓐ 저의 엄마는 차가 있어요.
My mom haves a car. ⇒

3 Ⓑ 저의 엄마는 운전하지 않아요.
My mom don't drives. ⇒

✎ 서술형 문제 도전 **1** 일반동사 현재형으로 문장 쓰기

speak 말하다   English 영어   Chinese 중국어
remember 기억하다   them 그들을   their names 그들의 이름들

1 Ⓐ 그들은 영어를 말해.

Ⓑ 그들은 중국어를 말하지는 않아.

2 Ⓐ 그녀는 그들을 기억해.

Ⓑ 그녀는 그들의 이름을 기억하지 않아.

✎ 서술형 문제 도전 **2**

1 빈칸에 알맞은 말을 써서 대화를 완성하세요.

A: Junsu wears glasses, right?
B: No. He _____ glasses.

➡ _____

2 틀린 곳을 찾아 번호를 쓰고, 바르게 고쳐 쓰세요.

The girl go to bed early.
① ② ③ ④

_____ ➡ _____

how 의문문과 대답

초등 필수 문법 **의문사 how + 일반동사 의문문**
- 일반동사의 의문문(Do + 주어 + 동사원형)의 앞에 How를 써요.
- 〈How do + 주어 + 동사원형〉은 '어떻게 ~합니까?'라는 방법을 묻는 질문이에요.
- 주어가 3인칭 단수일 때는 How 뒤에 do 대신 does를 써요.
- 전치사 to(~로[에])는 방향을 나타내어, 〈to + 장소〉는 '~(장소)로[에]'라는 의미가 돼요.

통문장 A 아래 문장을 3회 이상 듣고 따라 한 후, 통문장을 써 보세요. 🎧 ① ② ③

191 **How do** you **come** to school? ⇒

당신은 학교에 **어떻게** 옵니까?

192 **How does** she **go** to the office? ⇒

그녀는 사무실로 **어떻게** 갑니까?

193 **How do** they **get** here? ⇒

그들은 여기에 **어떻게** 도착합니까?

194 **How does** he **get** to the market? ⇒

그는 시장에 **어떻게** 도착합니까?

195 **How do** you **go** there? ⇒

당신은 거기에 **어떻게** 갑니까?

문법 확인 우리말 의미에 맞게 연결하며 통문장 속 규칙을 확인하세요.

1	그는 시장에 어떻게 가?	•	• How do •	• they •	• get here?
2	넌 학교에 어떻게 와?	•	• How do •	• he •	• go to the office?
3	그녀는 사무실로 어떻게 가?	•	• How does •	• you •	• come to school?
4	그들은 여기 어떻게 도착해?	•	• How does •	• she •	• get to the market?

◐ 주어가 3인칭 단수일 때만 How does를 써요.

(초등 필수 문법) **의문사 how 의문문에 대한 대답**
- 의문사 how로 묻는 경우, 대답은 구체적인 방법(걸어서, ~을 타고 등)을 설명해요.
- 〈take + 교통수단〉은 '~을 타다, ~을 이용하다'라는 의미로 써요.
- by는 '~에 의해'라는 의미이지만, 〈by + 교통수단〉인 경우에는 '~을 이용하여, ~을 타고'라는 의미가 돼요.

통문장 B 아래 문장을 3회 이상 듣고 따라 한 후, 통문장을 써 보세요. 🎧 ① ② ③

196 I **walk to** school.

➡ 저는 학교에 걸어갑니다.

197 She **takes a bus to** the office.

➡ 그녀는 사무실로 버스를 타고 갑니다.

198 They **get** here **by subway**.

➡ 그들은 여기에 지하철로 도착합니다.

199 He **gets** there **by bus**.

➡ 그는 거기에 버스로 도착합니다.

200 I **take a taxi** there.

➡ 저는 거기에 택시를 타고 갑니다.

문법 확인 우리말 의미에 맞게 연결하며 통문장 속 규칙을 확인하세요.

1 그는 거기 버스로 도착해. •   • I walk •   • here by subway.

2 난 걸어서 학교에 가. •   • She takes •   • there by bus.

3 그녀는 사무실로 버스를 타고 가. •   • They get •   • to school.

4 그들은 지하철로 여기 도착해. •   • He gets •   • a bus to the office.

◐ by 뒤에 교통수단은 a, an, the 없이 써요. 하지만 take(타다) 뒤에는 a, an, the를 써요.

1 우리말의 의미에 맞게 알맞은 영어 단어를 골라 대화를 완성하세요.

1 **A** 너는 학교에 어떻게 오니?

| you | to school | How | come | do | does |

➡ _____ ?

B 나는 학교에 걸어가.

| I | to school | walk | walks |

➡ _____ .

2 **A** 그녀는 사무실에 어떻게 가나요?

| she | to the office | go | goes | does | How |

➡ _____ ?

B 그녀는 사무실에 버스를 타고 가요.

| She | a bus | to the office | take | takes |

➡ _____ .

2 다음 대화를 완성하세요.

1 **A** How _____ get here?　　　그들은 여기에 어떻게 도착하나요?

B They get here _____ .　　　그들은 여기에 지하철로 도착해요.

2 **A** _____ get to the market?　　　그는 시장에 어떻게 도착합니까?

B He _____ there _____ .　　　그는 거기에 버스로 도착합니다.

3 **A** How _____ there?　　　당신은 거기에 어떻게 가나요?

B I _____ there.　　　저는 거기에 택시를 타고 가요.

3 우리말을 영어로 쓴 것 중 틀린 부분을 찾고, 문장을 바르게 고쳐 쓰세요.

1 **A** 그는 시장에 어떻게 도착해요?
How he gets to the market? ➡

2 **A** 그녀는 사무실에 어떻게 갑니까?
How do she goes the office? ➡

3 **B** 그는 거기에 버스로 도착합니다.
He get there to bus. ➡

✎ 서술형 문제 도전 **1** how 의문문과 대답 쓰기

| this hospital 이 병원 | come 오다 | here 여기 | car 차 |
| the post office 우체국 | go 가다 | there 거기 | bike 자전거 |

1 **A** 그들은 이 병원으로 어떻게 오나요?

B 그들은 여기 차로 와요.

2 **A** 그녀는 우체국에 어떻게 가나요?

B 그녀는 거기 자전거로 가요.

✎ 서술형 문제 도전 **2**

1 빈칸에 알맞은 말을 써서 대화를 완성하세요.

A: How do you go to school?
B: I go to school _____ bus.

➡ _____

2 틀린 곳을 찾아 번호를 쓰고, 바르게 고쳐 쓰세요.

How does she gets there?
　①　　②　　　③　　④

_____ ➡ _____

5TH WEEK

영문법은 통문장 21~25

영어 단어 확인 아는 단어에 체크하고, 모르는 단어는 암기해 두세요.

☑ **WORDS**	☑ **WORDS**
☐ **pretty** 예쁜	☐ **wise** 지혜로운
☐ **fat** 뚱뚱한	☐ **math** 수학
☐ **stay** 머물다	☐ **building** 건물
☐ **patient** 환자	☐ **mountain** 산
☐ **handsome** 잘생긴	☐ **machine** 기계
☐ **work** 일하다	☐ **solve** (문제를) 풀다, 해결하다
☐ **sick** 아픈	☐ **meet** 만나다
☐ **like** 좋아하다	☐ **athlete** 운동선수
☐ **write** 쓰다	☐ **the fifth grade** 5학년
☐ **cook** 요리하다	☐ **the third grade** 3학년

where 의문문과 대답

초등 필수 문법 **의문사 where + 일반동사 의문문**

- Where do you ~?는 '어디에서 ~합니까?'라는 구체적인 장소를 묻는 질문이에요.
- 주어가 3인칭 단수일 때는 do 대신 does를 써요.
- 주어 뒤에는 항상 동사원형을 써요.

통문장 A 아래 문장을 3회 이상 듣고 따라 한 후, 통문장을 써 보세요. 🎧 ① ② ③

201 **Where do** you live? ➡

당신은 어디에서 삽니까?

202 **Where does** he stay? ➡

그는 어디에서 머뭅니까?

203 **Where do** they meet? ➡

그들은 어디에서 만납니까?

204 **Where does** she work? ➡

그녀는 어디에서 일합니까?

205 **Where do** you sleep? ➡

당신은 어디에서 잡니까?

문법 확인 우리말 의미에 맞게 연결하며 통문장 속 규칙을 확인하세요.

1 그는 어디에 머무나요? •	• Where do •	• she work?
2 너는 어디에서 자? •	• Where does •	• you live?
3 그녀는 어디에서 일해? •	• Where do •	• he stay?
4 너는 어디 사니? •	• Where does •	• you sleep?

○ 주어가 3인칭 단수일 때만 does를 써요.

초등 필수 문법　**의문사 where 의문문에 대한 대답**
- Where로 묻는 질문에는 〈장소 전치사 + 명사〉로 대답해요.
- 장소를 나타내는 전치사는 in, at, on이 대표적이에요.
- '~ 아래'는 under, '~ 뒤에'는 behind, '~ 주위에'는 around라는 전치사를 써요.

통문장 Ⓑ 아래 문장을 3회 이상 듣고 따라 한 후, 통문장을 써 보세요. 🎧 ① ② ③

206 I live **in** Incheon.　➡

　저는 인천에 삽니다.

207 He stays **at** a hotel.　➡

　그는 호텔에 머무릅니다.

208 They meet **on** the bridge.　➡

　그들은 그 다리(위)에서 만납니다.

209 She works **at** the mall.　➡

　그녀는 쇼핑몰에서 일합니다.

210 I sleep **on** the floor.　➡

　저는 바닥(위)에서 잡니다.

문법 확인 우리말 의미에 맞게 연결하며 동문장 속 규칙을 확인하세요.

1 그는 호텔에 머물러요. •	• I sleep •	• in Incheon.
2 나는 바닥에서 자. •	• She works •	• at the mall.
3 그녀는 쇼핑몰에서 일해. •	• He stays •	• on the floor.
4 난 인천에 살아. •	• I live •	• at a hotel.

❍ in은 어떤 장소의 안, on은 어떤 장소의 표면 위, at은 어떤 장소에서라는 의미예요.

1 우리말의 의미에 맞게 알맞은 영어 단어를 골라 대화를 완성하세요.

1 **A** 그들은 어디에서 만납니까?

| they | Where | meet | do | does |

⇒   ?

B 그들은 그 다리에서 만납니다.

| the bridge | They | meets | on | meet |

⇒   .

2 **A** 그는 어디에서 머뭅니까?

| Where | he | stay | do | does |

⇒   ?

B 그는 호텔에 머무릅니다.

| He | stay | stays | a hotel | at |

⇒   .

2 다음 대화를 완성하세요.

1 **A** Where   ?   그녀는 어디에서 일합니까?

  B She   the mall.   그녀는 쇼핑몰에서 일합니다.

2 **A** Where   ?   당신은 어디에서 삽니까?

  B I   Incheon.   저는 인천에 삽니다.

3 **A** Where   ?   당신은 어디에서 잡니까?

  B I   the floor.   저는 바닥에서 잡니다.

3 우리말을 영어로 쓴 것 중 틀린 부분을 찾고, 문장을 바르게 고쳐 쓰세요.

1 Ⓐ 그는 어디에 머물죠?
Does he stays? ➡

2 Ⓐ 그녀는 어디에서 일해?
Where she works? ➡

3 Ⓑ 그들은 다리 위에서 만나요.
They meets in the bridge. ➡

✎ 서술형 문제 도전 **1** where 의문문과 대답 쓰기

fish 생선   buy 사다   it 그것을   a fish shop 생선 가게   at ~에서

live 살다   the hospital 그 병원   behind ~ 뒤에

1 Ⓐ 그녀는 어디에서 생선을 사니?

Ⓑ 그녀는 그것을 생선 가게에서 사.

2 Ⓐ 너의 친구는 어디에 사니?

Ⓑ 그는 그 병원 뒤에 살아요.

✎ 서술형 문제 도전 **2**

1 빈칸에 알맞은 말을 써서 대화를 완성하세요.

A: _____ your homework?
B: I do it in the living room.

➡ _____

2 틀린 곳을 찾아 번호를 쓰고, 바르게 고쳐 쓰세요.

Sam and I study together on the room.
①   ②   ③   ④

_____ ➡ _____

look의 쓰임

초등 필수 문법 look + 형용사

- look은 '보다'라는 의미 외에도, '~해 보이다'라는 의미를 가지고 있어요.
- ⟨look + 형용사⟩는 '~해 보이다'라는 의미예요.

통문장 A 아래 문장을 3회 이상 듣고 따라 한 후, 통문장을 써 보세요. 🎧 ① ② ③

211 She **looks pretty.**

➡

그녀는 예뻐 보입니다.

212 People **look busy.**

➡

사람들은 바빠 보입니다.

213 Sam **looks healthy.**

➡

샘은 건강해 보입니다.

214 They **look happy.**

➡

그들은 행복해 보입니다.

215 Jane **looks sick.**

➡

제인은 아파 보입니다.

문법 확인 우리말 의미에 맞게 연결하며 통문장 속 규칙을 확인하세요.

1	사람들은 바빠 보여. •	• Sam	• look	• sick.
2	제인은 아파 보여. •	• People	• looks	• busy.
3	그녀는 예뻐 보이네. •	• She	• looks	• pretty.
4	샘은 건강해 보여. •	• Jane	• looks	• healthy.

➡ 주어가 3인칭 단수일 때만 looks를 써요.

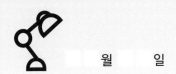

초등 필수 문법 **look like + 명사**
- like는 '좋아하다'라는 동사의 의미도 있지만, '~처럼'이라는 전치사의 의미도 가지고 있어요.
- 전치사인 like 뒤에는 명사를 쓰며, '(명사)와 같은'이라는 의미가 돼요.
- 〈look like + 명사〉를 쓰면 '(명사)처럼 보이다'라는 의미가 만들어져요.

통문장 B 아래 문장을 3회 이상 듣고 따라 한 후, 통문장을 써 보세요. 🎧 ① ② ③

216 She **looks like** a model.
➡
그녀는 모델처럼 보입니다.

217 They **look like** a machine.
➡
그들은 기계처럼 보입니다.

218 He **looks like** an athlete.
➡
그는 운동선수처럼 보입니다.

219 They **look like** winners.
➡
그들은 승리자들처럼 보입니다.

220 Your sister **looks like** a patient.
➡
당신의 누나는 환자처럼 보입니다.

정답 확인 우리말 의미에 맞게 연결하며 통문장 속 규칙을 확인하세요.

1 그들이 우승자들처럼 보여. •	• She •	• look like •	• a machine.
2 그녀는 모델 같아 보여. •	• He •	• look like •	• a model.
3 그는 운동선수처럼 보여. •	• They •	• looks like •	• winners.
4 그들은 기계 같아 보여. •	• They •	• looks like •	• an athlete.

❍ 〈look + 형용사〉는 '~해 보이다', 〈look like + 명사〉는 '~처럼 보이다'예요.

1 우리말의 의미에 맞게 알맞은 영어 단어를 골라 대화를 완성하세요.

1　A　그들은 행복해 보입니다.

| look | happy | like | They | looks |

➡ _____ .

B　그들은 승리자들처럼 보입니다.

| winners | looks | look | like | They |

➡ _____ .

2　A　제인은 아파 보입니다.

| looks | sick | like | look | Jane |

➡ _____ .

B　당신의 누나는 환자처럼 보입니다.

| look | Your sister | like | a patient | looks |

➡ _____ .

2 다음 대화를 완성하세요.

1　A　People _____ busy.　　사람들은 바빠 보입니다.

B　They _____ a machine　　그들은 기계처럼 보입니다.

2　A　Sam _____ healthy.　　샘은 건강해 보입니다.

B　He _____ an athlete.　　그는 운동선수처럼 보입니다.

3　A　She _____ pretty.　　그녀는 예뻐 보입니다.

B　She _____ a model.　　그녀는 모델처럼 보입니다.

3 우리말을 영어로 쓴 것 중 틀린 부분을 찾고, 문장을 바르게 고쳐 쓰세요.

1 **A** 샘은 건강해 보여.
Sam look like healthy. ➡

2 **A** 사람들은 바빠 보여.
People looks busy. ➡

3 **B** 그는 운동선수 같아 보여.
He look an athlete. ➡

✎ 서술형 문제 도전 **1** look을 이용하여 문장 쓰기

that animals 저 동물들   fat 뚱뚱한   pigs 돼지들
this building 이 건물   great 굉장히 좋은   a hotel 호텔

1 **A** 저 동물들은 뚱뚱해 보여.

B 그것들은 돼지들 같아 보이네.

2 **A** 이 건물은 굉장히 좋아 보여요.

B 그건 호텔 같아 보여요.

✎ 서술형 문제 도전 **2**

1 빈칸에 알맞은 말을 써서 대화를 완성하세요.

A: He looks handsome.
B: Right. He _____ a movie star.

➡ _____

2 틀린 곳을 찾아 번호를 쓰고, 바르게 고쳐 쓰세요.

The young girl looks like wise.
　　①　　　　②　　　③

_____ ➡ _____

like + 동명사

초등 필수 문법 like + 동명사 (동사-ing) 의문문

- 동명사란 동사(~하다)를 명사(~하기)로 쓰기 위해 만드는 말이에요.
- 동사-ing는 '~하기'라는 명사가 되고, ⟨like + 동사-ing⟩는 '~하기를 좋아하다'라는 의미가 돼요.
- -e로 끝나는 동사는 e를 삭제하고 -ing를 붙여요. (write - writing)
- ⟨단모음 + 단자음⟩으로 끝나는 동사는 마지막 자음을 하나 더 쓰고 -ing를 붙여요. (run - running)

통문장 A 아래 문장을 3회 이상 듣고 따라 한 후, 통문장을 써 보세요. 🎧 ① ② ③

221 **Do** you **like camping**? ➡

당신은 캠핑(하기)을 좋아합니까?

222 **Does** she **like cooking**? ➡

그녀는 요리(하기)를 좋아합니까?

223 **Does** he **like running**? ➡

그는 달리기를 좋아합니까?

224 **Do** they **like writing**? ➡

그들은 쓰기를 좋아합니까?

225 **Does** Sumi **like dancing**? ➡

수미는 춤추기를 좋아합니까?

문법 확인 우리말 의미에 맞게 연결하며 통문장 속 규칙을 확인하세요.

1 넌 캠핑 좋아해? •	• Do •	• he like •	• cooking?
2 그들은 글쓰기를 좋아해? •	• Does •	• they like •	• camping?
3 그녀는 요리를 좋아하니? •	• Do •	• you like •	• writing?
4 그는 달리기를 좋아해? •	• Does •	• she like •	• running?

○ 주어가 3인칭 단수일 때만 Does를 써요.

(초등 필수 문법) **like + 동명사(동사-ing) 평서문 (긍정, 부정)**
- '좋아한다'라고 할 때는 주어에 따라 like 또는 likes를 써요.
- '좋아하지 않는다'라고 할 때도 주어에 따라 don't like 또는 doesn't like를 써요.

통문장 [B] 아래 문장을 3회 이상 듣고 따라 한 후, 통문장을 써 보세요. 🎧 ① ② ③

226 **I like camping.**

➡ 저는 캠핑(하기)을 좋아합니다.

227 **She doesn't like cooking.**

➡ 그녀는 요리(하기)를 좋아하지 않습니다.

228 **He likes running.**

➡ 그는 달리기를 좋아합니다.

229 **They don't like writing.**

➡ 그들은 쓰기를 좋아하지 않습니다.

230 **Sumi doesn't like dancing.**

➡ 수미는 춤추기를 좋아하지 않습니다.

문법 확인 우리말 의미에 맞게 연결하며 동문장 속 규칙을 확인하세요.

1 난 캠핑하는 거 좋아.	•	• She •	• doesn't like •	• writing.
2 그들은 글쓰기를 안 좋아해.	•	• I •	• like •	• camping.
3 그녀는 요리를 좋아하지 않아.	•	• He •	• likes •	• cooking.
4 그는 달리기를 좋아해.	•	• They •	• don't like •	• running.

❍ 주어가 3인칭 단수일 때는 likes나 doesn't like를 써요.

1 우리말의 의미에 맞게 알맞은 영어 단어를 골라 대화를 완성하세요.

1 **A** 그녀는 요리(하기)를 좋아합니까?

| like | she | Do | cooking | Does |

➡ _____ ?

B 그녀는 요리를 좋아하지 않습니다.

| cooking | like | She | don't | doesn't |

➡ _____ .

2 **A** 그는 달리기를 좋아합니까?

| Does | like | Do | running | he |

➡ _____ ?

B 그는 달리기를 좋아합니다.

| running | like | He | don't | likes |

➡ _____ .

2 다음 대화를 완성하세요.

1 **A** _____ they _____ writing? 그들은 쓰기를 좋아합니까?

B They _____ writing. 그들은 쓰기를 좋아하지 않습니다.

2 **A** _____ you _____ camping? 당신은 캠핑(하기)을 좋아합니까?

B I _____ camping. 저는 캠핑(하기)을 좋아합니다.

3 **A** _____ Sumi _____ dancing? 수미는 춤추기를 좋아합니까?

B She _____ dancing. 수미는 춤추기를 좋아하지 않습니다.

3 우리말을 영어로 쓴 것 중 틀린 부분을 찾고, 문장을 바르게 고쳐 쓰세요.

1 A 그녀는 요리하는 걸 좋아하나요?
Do she likes cooking?　➡

2 B 그들은 쓰는 것을 좋아하지 않아요.
They doesn't likes writing.　➡

3 B 그는 달리는 걸 좋아합니다.
He like run.　➡

✎ 서술형 문제 도전 **1** 〈like + 동명사〉를 이용하여 쓰기

in Seoul 서울에　　live - living 살다 - 살기　　in London 런던에
climb - climbing 오르다 - 오르기　　the mountain 산

1 A 너는 서울에 사는 게 좋니?

B 나는 런던에 사는 게 좋아.

2 A 그는 산 오르는 것을 좋아하니?

B 그는 산 오르는 것을 좋아하지 않아.

✎ 서술형 문제 도전 **2**

1 빈칸에 알맞은 말을 써서 대화를 완성하세요.

A: Does she like singing?
B: No. She ＿＿＿＿＿＿＿ singing.

➡ ＿＿＿＿＿＿＿＿＿＿＿＿＿＿

2 틀린 곳을 찾아 번호를 쓰고, 바르게 고쳐 쓰세요.

The student likes solve problems.
　①　　②　　③　　④

＿＿ ➡ ＿＿＿＿＿＿＿＿＿

DAY 24 순서를 나타내는 서수

[초등 필수 문법] **what grade와 전치사 in**

- grade는 '학년'이라는 의미로, What grade라고 하면 '몇 학년'이라는 의미가 돼요.
- 우리말은 '몇 학년이니?'라고 묻지만, 영어는 '몇 학년 안에 있니?'라고 물어요.
- '몇 학년 안에 있니?'라고 묻기 위해서 전치사 in(~ 안에)을 문장 끝에 넣어요.

통문장 [A] 아래 문장을 3회 이상 듣고 따라 한 후, 통문장을 써 보세요. 🎧 ① ② ③

231 **What grade** are you **in**? ➡️

당신은 **몇 학년입니까**?

232 **What grade** is your sister **in**? ➡️

당신의 여동생은 **몇 학년입니까**?

233 **What grade** are they **in**? ➡️

그들은 **몇 학년입니까**?

234 **What grade** is your cousin **in**? ➡️

당신의 사촌은 **몇 학년입니까**?

235 **What grade** are your brothers **in**? ➡️

당신의 남자 형제들은 **몇 학년입니까**?

문법 확인 우리말 의미에 맞게 연결하며 통문장 속 규칙을 확인하세요.

1 넌 몇 학년이니? •	• What grade is •	• your sister in?
2 네 사촌은 몇 학년이야? •	• What grade are •	• they in?
3 그들은 몇 학년이지? •	• What grade is •	• you in?
4 네 여동생은 몇 학년이니? •	• What grade are •	• your cousin in?

❷ be동사 의문문은 be동사를 주어 앞에 써요. be동사는 주어에 맞춰 am, are, is를 선택해요.

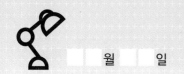

(초등 필수 문법) **순서를 나타내는 수, 서수**

- '첫째, 둘째, …'와 같이 몇 번째 순서인지를 나타내는 숫자를 서수라고 해요.
- 학년을 말할 때 우리말은 '3학년, 4학년'과 같이 말하지만, 영어는 '세 번째 학년, 네 번째 학년'과 같이 말해요.
- grade(학년) 앞에 first(첫째), second(둘째), third(셋째), fourth(넷째), fifth(다섯째), sixth(여섯째)를 써요.
- 순서를 나타내는 말 앞에는 항상 the를 써요.

통문장 B 아래 문장을 3회 이상 듣고 따라 한 후, 통문장을 써 보세요. ☐ ① ② ③

236 I am **in the second grade.**

➡ 저는 2학년입니다.

237 She is **in the third grade.**

➡ 그녀는 3학년입니다.

238 They are **in the fourth grade.**

➡ 그들은 4학년입니다.

239 He is **in the fifth grade.**

➡ 그는 5학년입니다.

240 They are **in the sixth grade.**

➡ 그들은 6학년입니다.

문법 확인 우리말 의미에 맞게 연결하며 통문장 속 규칙을 확인하세요.

1 전 2학년이에요. •	• I am •	• in the second grade.
2 그는 5학년이에요. •	• She is •	• in the sixth grade.
3 그들은 6학년이에요. •	• He is •	• in the third grade.
4 그녀는 3학년이에요. •	• They are •	• in the fifth grade.

○ first(첫 번째), second(두 번째), third(세 번째)를 제외하고 fourth(네 번째)부터는 거의 숫자에 –th가 붙은 모양이에요.

1 우리말의 의미에 맞게 알맞은 영어 단어를 골라 대화를 완성하세요.

1 A 네 여동생은 몇 학년이니?

| in | grade | your sister | is | What |

➡ ?

B 그녀는 3학년이에요.

| the | is | She | in | grade | third |

➡ .

2 A 너네 형들은 몇 학년이야?

| grade | in | What | are | your brothers |

➡ ?

B 그들은 6학년이야.

| grade | are | the | in | They | sixth |

➡ .

2 다음 대화를 완성하세요.

1 A _____ is your cousin in? 네 사촌은 몇 학년이니?

B He is _____ grade. 그는 5학년이야.

2 A What grade _____? 그들은 몇 학년이야?

B They are in _____. 그들은 4학년이야.

3 A _____ are you _____? 너는 몇 학년이야?

B _____ the second grade. 난 2학년이야.

3 우리말을 영어로 쓴 것 중 틀린 부분을 찾고, 문장을 바르게 고쳐 쓰세요.

1　A　네 사촌은 몇 학년이니?
What grade your cousin is?　➡

2　B　그녀는 3학년이에요.
She is in three grade.　➡

3　B　그는 5학년이야.
He is five grade.　➡

✎ 서술형 문제 도전 **1**　순서를 나타내는 서수를 이용하여 쓰기

your sister 네 언니　　fourth 네 번째　　Mike 마이크(남자 이름)　　first 첫 번째

1　A　너네 언니는 몇 학년이니?

　　B　그녀는 4학년이에요.

2　A　마이크는 몇 학년이야?

　　B　그는 1학년이야.

✎ 서술형 문제 도전 **2**

1 주어진 정보를 참고하여 대화를 완성하세요.

A: What grade are you in?
B: I'm _____. (5학년)

➡ _____

2 틀린 곳을 찾아 번호를 쓰고, 바르게 고쳐 쓰세요.

My cousins are in the six grade.
　　①　　　②③　　　④

_____ ➡ _____

117

be good[poor] at

초등 필수 문법 **be good at 의문문**

- be good at은 무엇을 잘하는지, 무엇에 능숙한지를 나타내요.
- at 뒤에 무엇을 잘하는지를 묻는 다양한 말을 넣을 수 있어요.
- be동사는 주어에 따라 결정하며, 의문문의 경우 be동사를 주어 앞에 써요.

통문장 **A** 아래 문장을 3회 이상 듣고 따라 한 후, 통문장을 써 보세요. 🎧 ① ② ③

241 **Are** you **good at** math? ➡️

당신은 수학을 **잘합니까?**

242 **Is** Minsu **good at** English? ➡️

민수는 영어를 **잘합니까?**

243 **Are** they **good at** soccer? ➡️

그들은 축구를 **잘합니까?**

244 **Is** she **good at** science? ➡️

그녀는 과학을 **잘합니까?**

245 **Are** you **good at** computers? ➡️

당신은 컴퓨터를 **잘합니까?**

문법 확인 우리말 의미에 맞게 연결하며 통문장 속 규칙을 확인하세요.

1 넌 수학 잘해? •	• Are you good •	• at computers?
2 그녀는 과학 잘해? •	• Are you good •	• at soccer?
3 그들은 축구를 잘하니? •	• Is she good •	• at math?
4 넌 컴퓨터 잘해? •	• Are they good •	• at science?

💡 good at 뒤에는 과목이나 운동 경기 등 다양한 말을 넣을 수 있어요.

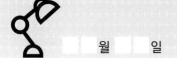

초등 필수 문법 **be poor at**

- poor는 '가난한'이라는 의미 외에 good의 반대 의미인 '잘 못하는, 실력 없는'이라는 뜻도 가지고 있어요.
- be poor at(~을 못하다[잘하지 않다])은 be good at의 반대 표현이에요.
- be good at의 부정은 be 뒤에 not을 넣어서 표현할 수도 있어요.

통문장 B 아래 문장을 3회 이상 듣고 따라 한 후, 통문장을 써 보세요. 🎧 1 2 3

246 I **am poor at** math.
➡
저는 수학을 못합니다.

247 He **is not good at** English.
➡
그는 영어를 잘하지 않습니다.

248 They **are not good at** soccer.
➡
그들은 축구를 잘하지 않아요.

249 She **is poor at** science.
➡
그녀는 과학을 못해요.

250 I **am not good at** computers.
➡
저는 컴퓨터를 잘하지 못합니다.

문법 확인 우리말 의미에 맞게 연결하며 통문장 속 규칙을 확인하세요.

1 나는 수학을 못해.	•	• She is poor	•	• at English.
2 그녀는 과학을 못해요.	•	• He is not good	•	• at science.
3 그들은 축구를 잘하지 못해요.	•	• They are not good	•	• at math.
4 그는 영어를 잘하지 않아.	•	• I am poor	•	• at soccer.

◐ '잘하지 못한다'라고 할 때는 be good at에서 be 뒤에 not을 쓰거나, be poor at을 써요.

1 우리말의 의미에 맞게 알맞은 영어 단어를 골라 대화를 완성하세요.

1 **A** 민수는 영어를 잘합니까?

| at | good | Is | Minsu | Are |

➡ English?

B 그는 영어를 잘하지 않습니다.

| is | good | not | He | at | poor |

➡ English.

2 **A** 당신은 컴퓨터를 잘합니까?

| Are | good | Is | you | at |

➡ computers?

B 저는 컴퓨터를 잘하지 못합니다.

| poor | good | I | at | am | not |

➡ computers.

2 다음 대화를 완성하세요.

1 **A** _____ at soccer? 그들은 축구를 잘합니까?

B They are _____ at soccer. 그들은 축구를 잘하지 않아요.

2 **A** _____ at science? 그녀는 과학을 잘합니까?

B She is _____ at science. 그녀는 과학을 못해요.

3 **A** _____ math? 당신은 수학을 잘합니까?

B I am _____ math. 저는 수학을 못합니다.

3 우리말을 영어로 쓴 것 중 틀린 부분을 찾고, 문장을 바르게 고쳐 쓰세요.

1 A 그들은 축구를 잘하나요?
Is they good on soccer? ➡

2 B 그는 영어를 잘하지 않아요.
He is not poor at English. ➡

3 A 넌 수학 잘해?
You are poor to math? ➡

✎ 서술형 문제 도전 **1** be good [poor] at을 이용하여 쓰기

the guitar 기타   your brother 너의 남자 형제   tennis 테니스

1 A 그녀는 기타를 잘하나요?

B 그녀는 기타를 잘하지 않아요.

2 A 너의 남동생은 테니스를 잘하니?

B 그는 테니스를 못해.

✎ 서술형 문제 도전 **2**

1 빈칸에 알맞은 말을 써서 대화를 완성하세요.

A: Wow! Jimmy plays the violin very well!
B: Right. He's really _____ it.

➡ _____

2 틀린 곳을 찾아 번호를 쓰고, 바르게 고쳐 쓰세요.

Are Jim and you good to Korean chess?
①   ② ③   ④

_____ ➡ _____

영어 단어 확인   아는 단어에 체크하고, 모르는 단어는 암기해 두세요.

☑ WORDS	☑ WORDS
☐ earth 지구	☐ present 선물
☐ amazing 놀라운, 경이로운	☐ boring 지루한
☐ universe 우주	☐ tired 피곤한
☐ find 찾다	☐ wonderful 멋진
☐ upset 속상한	☐ festival 축제
☐ exam 시험	☐ delicious 맛있는
☐ change 거스름돈, 변화	☐ dinosaur 공룡
☐ save 구하다, 아끼다	☐ grandparents 조부모님
☐ hard 어려운, 열심히	☐ future 미래
☐ vacation 방학, 휴가	☐ speech contest 말하기 대회

why 의문문과 대답

[초등 필수 문법] **의문사 why 의문문**
- Why(왜)는 구체적인 이유가 무엇인지를 묻는 의문사예요.
- 이유를 묻는 〈Why is[are] + 주어〉 뒤에는 형용사, 명사, 〈전치사 + 명사〉 등이 올 수 있어요.
- 주어 뒤에 장소를 나타내는 〈전치사 + 명사〉를 쓰면 is[are]는 '있다'로 해석해요.

통문장 Ⓐ 아래 문장을 3회 이상 듣고 따라 한 후, 통문장을 써 보세요. 🎧 ① ② ③

251 **Why is** she angry? ➡

그녀는 왜 화가 났습니까?

252 **Why are** you tired? ➡

너는 왜 피곤하니?

253 **Why is** he upset? ➡

그는 왜 속상합니까?

254 **Why are** they at school? ➡

그들은 왜 학교에 있니?

255 **Why is** he your partner? ➡

그가 왜 당신의 파트너입니까?

문법 확인 우리말 의미에 맞게 연결하며 통문장 속 규칙을 확인하세요.

1 왜 그는 속상한 거야? •	• Why is •		• you tired?
2 그가 왜 네 파트너야? •	• Why are •		• he upset?
3 넌 왜 피곤해? •	• Why is •		• they at school?
4 걔네들은 왜 학교에 있지? •	• Why are •		• he your partner?

○ 〈장소 전치사 + 명사〉가 있는 경우, be동사는 '있다'로 해석해요.

초등 필수 문법 **의문사 why 의문문에 대한 대답**
- Because(~ 때문에) 뒤에는 〈주어 + 동사〉(문장)를 써서, 이유를 설명해요.
- Because of 뒤에는 명사를 써서, 그 명사가 이유라는 것을 말해요.

통문장 B 아래 문장을 3회 이상 듣고 따라 한 후, 통문장을 써 보세요. 🎧 ① ② ③

256 **Because** we are late.　　　　　　⇨

우리가 늦었기 **때문입니다.**

257 **Because of** the homework.　　　　⇨

숙제 **때문에.**

258 **Because** his brother is sick.　　　⇨

그의 남동생이 아프기 **때문입니다.**

259 **Because of** the festival.　　　　　⇨

축제 **때문에.**

260 **Because** he is good at math.　　　⇨

그는 수학을 잘하기 **때문입니다.**

문법 확인 우리말 의미에 맞게 연결하며 통문장 속 규칙을 확인하세요.

1 그의 남동생이 아프니까. ·	· Because ·	· the festival.
2 그는 수학을 잘하기 때문이지. ·	· Because of ·	· his brother is sick.
3 숙제 때문에. ·	· Because ·	· the homework.
4 축제 때문에. ·	· Because of ·	· he is good at math.

◐ because 뒤에는 주어와 동사가 있는 문장을 쓰며, because of 뒤에는 명사를 써요.

1 우리말의 의미에 맞게 알맞은 영어 단어를 골라 대화를 완성하세요.

1 **A** 그들은 왜 학교에 있어?

| is | at school | are | Why | they |

➡ ?

B 축제 때문에.

| of | the festival | Because |

➡ .

2 **A** 그녀는 왜 화가 났니?

| she | is | are | angry | Why |

➡ ?

B 우리가 늦었기 때문이야.

| of | we | late | Because | is | are |

➡ .

2 다음 대화를 완성하세요.

1 **A** he your partner? 그가 왜 너의 파트너이니?

B he is good at math. 그가 수학을 잘하기 때문이야.

2 **A** tired? 너는 왜 피곤하니?

B the homework. 숙제 때문에.

3 **A** upset? 그는 왜 속상하니?

B his brother is sick. 그의 남동생이 아프기 때문이야.

3 우리말을 영어로 쓴 것 중 틀린 부분을 찾고, 문장을 바르게 고쳐 쓰세요.

1 Ⓐ 왜 너는 피곤하니?
    Why you tired is?　　➡

2 Ⓑ 그가 수학을 잘하기 때문이야.
    Because of he is good at math.　➡

3 Ⓐ 그들은 왜 학교에 있니?
    Why at school they are?　➡

✎ 서술형 문제 도전 **1** why 의문문과 대답 쓰기

busy 바쁜　　the homework 숙제　　on the bed 침대에　　tired 피곤한

1 Ⓐ 너는 왜 바쁘니?

   Ⓑ 숙제 때문에.

2 Ⓐ 그녀는 왜 침대에 있죠?

   Ⓑ 그녀가 피곤해서요.

✎ 서술형 문제 도전 **2**

1 빈칸에 알맞은 말을 써서 대화를 완성하세요.

A: Why is he sad?
B: _____ his dog is sick.

➡ _____

2 틀린 곳을 찾아 번호를 쓰고, 바르게 고쳐 쓰세요.

Why is Tom and his friend happy?
　①　②　　　　　③　　　④

_____ ➡ _____

127

전치사 about의 쓰임

초등 필수 문법 **의문사 what과 전치사 about**

- about은 '~에 대하여, ~에 관하여'라는 의미를 가진 전치사예요.
- be동사와 전치사 about이 같이 쓰이면 '~에 대한 것이다'라는 의미가 돼요.
- 의문사 what 의문문(What + be + 주어) 뒤에 about을 붙여 '무엇에 관한 것인지'를 물어요.
- be동사 is의 과거형은 was이며 '~이었다'라는 의미가 돼요.

통문장 **A** 아래 문장을 3회 이상 듣고 따라 한 후, 통문장을 써 보세요. 🎧 ① ② ③

261 **What is** the movie **about**? ➡

　　그 영화는 무엇에 대한 것입니까?

262 **What was** the news **about**? ➡

　　그 소식은 무엇에 관한 것이었습니까?

263 **What is** the book **about**? ➡

　　그 책은 무엇에 대한 것입니까?

264 **What was** the meeting **about**? ➡

　　그 회의는 무엇에 관한 것이었습니까?

265 **What is** the story **about**? ➡

　　그 이야기는 무엇에 대한 것입니까?

문법 확인 우리말 의미에 맞게 연결하며 통문장 속 규칙을 확인하세요.

1 그 회의는 뭐에 관한 거였어? •　　• What is •　　• the news about?

2 그 책은 뭐에 대한 거야? •　　• What was •　　• the movie about?

3 그 영화는 뭐에 대한 거니? •　　• What is •　　• the book about?

4 그 뉴스는 뭐에 관한 거였어? •　　• What was •　　• the meeting about?

　　🔾 현재에 관한 것이면 What is ~ about?(뭐에 대한 거야?), 과거에 관한 것이면 What was ~ about?(뭐에 대한 거였어?)을 써요.

초등 필수 문법 **전치사 about**

- 대답할 때는 질문에 쓰인 〈be동사 + 주어〉의 순서를 〈주어 + be동사〉의 순서로 바꿔요.
- be동사는 시제에 맞추어 현재이면 is, 과거이면 was를 써요.
- about 뒤에는 what(무엇)에 대해 대답이 되는 말을 써요.

통문장 Ⓑ 아래 문장을 3회 이상 듣고 따라 한 후, 통문장을 써 보세요. 🎧 ① ② ③

266 **It is about** the earth. ➡

그것은 지구에 대한 것입니다.

267 **It was about** the weather. ➡

그것은 날씨에 관한 것이었습니다.

268 **It is about** dinosaurs. ➡

그것은 공룡들에 대한 것입니다.

269 **It was about** the speech contest. ➡

그것은 말하기 대회에 관한 것이었습니다.

270 **It is about** a boy in Africa. ➡

그것은 아프리카의 한 소년에 대한 것입니다.

문법 확인 우리말 의미에 맞게 연결하며 통문장 속 규칙을 확인하세요.

1 그건 말하기 대회에 대한 거였어. •	• It is about •	• dinosaurs.
2 그건 공룡들에 대한 거야. •	• It was about •	• the weather.
3 그건 지구에 대한 거야. •	• It is about •	• the speech contest.
4 그건 날씨에 관한 거였어. •	• It was about •	• the earth.

◑ 현재에 관한 것이면 It is about(그것은 ~에 관한 거야), 과거에 관한 것이면 It was about(그것은 ~에 관한 거였어)을 써요.

1 우리말의 의미에 맞게 알맞은 영어 단어를 골라 대화를 완성하세요.

1 A 그 뉴스는 뭐에 대한 거였어?

| was | the news | is | What | about |

➡ _____ ?

B 그건 날씨에 대한 거였어.

| the weather | about | was | is | It |

➡ _____ .

2 A 그 책은 뭐에 대한 거야?

| is | the book | about | What | was |

➡ _____ ?

B 그건 공룡들에 대한 거야.

| about | was | It | is | dinosaurs |

➡ _____ .

2 다음 대화를 완성하세요.

1 A _____ the meeting about?   그 회의는 뭐에 대한 거였어?

  B _____ about the speech contest.   그건 말하기 대회에 관한 거였어.

2 A What is the story _____ ?   그 이야기는 뭐에 관한 거야?

  B _____ a boy in Africa.   그건 아프리카의 한 소년에 관한 거야.

3 A _____ the movie about?   그 영화는 뭐에 대한 거야?

  B It is _____ the earth.   그건 지구에 관한 거야.

3 우리말을 영어로 쓴 것 중 틀린 부분을 찾고, 문장을 바르게 고쳐 쓰세요.

1 **A** 그 영화는 뭐에 대한 겁니까?
What was about the movie? ➡

2 **B** 그건 날씨에 관한 거였어요.
It is the weather about. ➡

3 **A** 그 소식은 뭐에 대한 것이었나요?
Was about what the news? ➡

✎ **서술형 문제 도전** **1** 전치사 about을 이용하여 쓰기

the play 그 연극   friendship 우정   the class 그 수업   the Internet 인터넷

1 **A** 그 연극은 무엇에 대한 것이죠?

B 그것은 우정에 관한 것입니다.

2 **A** 그 수업은 무엇에 관한 거였어?

B 그건 인터넷에 관한 거였어.

✎ **서술형 문제 도전** **2**

1 빈칸에 알맞은 말을 써서 대화를 완성하세요.

> A: What was it about?
> B: _____ the sea.

➡ _____

2 대화의 빈칸에 공통으로 알맞은 말을 쓰세요.

> A: What is the movie _____?
> B: It is _____ the sun.

➡ _____

131

how 의문문 / be동사 과거형

[초등 필수 문법] **의문사 how 의문문**

- 어땠는지 물을 때는 How was[were] ~?를 이용해요.
- 주어가 단수(하나)이면 was를 쓰고, 주어가 복수(둘 이상)이면 were를 써요.

통문장 A 아래 문장을 3회 이상 듣고 따라 한 후, 통문장을 써 보세요. 🎧 ① ② ③

271 **How was** the concert? ➡

그 공연은 **어땠습니까?**

272 **How were** your grandparents? ➡

당신의 조부모님은 **어땠습니까?**

273 **How was** the trip? ➡

그 여행은 **어땠습니까?**

274 **How were** the songs? ➡

그 노래들은 **어땠습니까?**

275 **How was** your uncle? ➡

당신의 삼촌은 **어땠습니까?**

문법 확인 우리말 의미에 맞게 연결하며 통문장 속 규칙을 확인하세요.

1 그 노래들 어땠어? •	• How was •	• the concert?
2 네 삼촌 어땠어? •	• How was •	• your uncle?
3 그 공연 어땠어? •	• How was •	• the trip?
4 그 여행 어땠어? •	• How were •	• the songs?

➲ was 뒤에는 단수(하나) 명사를 쓰고, were 뒤에는 복수(둘 이상) 명사를 써요.

 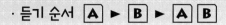

초등 필수 문법 **be동사 과거형**
- was는 be동사 am과 is의 과거형이고, were는 are의 과거형이에요.
- How was[were] ~?(~은 어땠니?)에 대한 답은 be동사(was[were]) 뒤에 상태나 기분 등을 표현하는 말을 써요.

통문장 B 아래 문장을 3회 이상 듣고 따라 한 후, 통문장을 써 보세요. 🎧 ① ② ③

276 **It was** exciting.
➡ 그것은 흥미진진했습니다.

277 **They were** fine.
➡ 그들은 괜찮으셨습니다.

278 **It was** fun.
➡ 그것은 재미있었습니다.

279 **They were** boring.
➡ 그것들은 지루했습니다.

280 **He was** upset.
➡ 그는 속상해하셨습니다.

문법 확인 우리말 의미에 맞게 연결하며 통문장 속 규칙을 확인하세요.

1 그것들은 지루했어. ·　· It ·　· was ·　· fine.

2 그는 속상해하셨어. ·　· They ·　· was ·　· upset.

3 그건 흥미진진했지. ·　· They ·　· were ·　· boring.

4 그들은 괜찮으셨어. ·　· He ·　· were ·　· exciting.

❖ 단수 주어 뒤에는 was를 쓰고, 복수 주어 뒤에는 were를 써요.

1 우리말의 의미에 맞게 알맞은 영어 단어를 골라 대화를 완성하세요.

1 **A** 너의 삼촌은 어땠어?

| was | your uncle | were | How |

➡ _____ ?

B 그는 속상해하셨어.

| upset | were | He | was | It |

➡ _____ .

2 **A** 그 노래들은 어땠어?

| the songs | How | were | was |

➡ _____ ?

B 그것들은 지루했어.

| was | were | boring | They | It |

➡ _____ .

2 다음 대화를 완성하세요.

1 **A** _____ the trip? 여행은 어땠니?

 B _____ fun. 그건 재미있었어요.

2 **A** _____ your grandparents? 할머니 할아버지는 어떠셨니?

 B _____ fine. 그분들은 좋으셨어요.

3 **A** _____ the concert? 그 콘서트는 어땠어?

 B _____ exciting. 그건 흥미진진했어.

3 우리말을 영어로 쓴 것 중 틀린 부분을 찾고, 문장을 바르게 고쳐 쓰세요.

1　Ⓐ　여행 어땠어?
　　How the trip were?　　➡

2　Ⓑ　그것은 흥미진진했어.
　　They were exciting.　　➡

3　Ⓐ　너네 조부모님은 어땠어?
　　Was your grandparents how?　　➡

✎ 서술형 문제 도전 **1** how 의문문과 be동사 과거형 쓰기

the movie 그 영화　　the best 최고의, 최고인　　the dishes 그 요리들　　delicious 맛있는

1　Ⓐ 그 영화 어땠어요?

　　Ⓑ 그건 최고였어요.

2　Ⓐ 그 요리들은 어땠어요?

　　Ⓑ 그것들은 맛있었어요.

✎ 서술형 문제 도전 **2**

1 빈칸에 알맞은 말을 써서 대화를 완성하세요.

> A: How was the exam?
> B: _____ hard.

➡ _____

2 틀린 곳을 찾아 번호를 쓰고, 바르게 고쳐 쓰세요.

> How were your vacation?
> ①　②　③　④

_____ ➡ _____

135

Here is[are] ~ / 전치사 for

초등 필수 문법 **Here is[are] ~**

- Here is[are] ~(여기 ~이 있다)는 어떤 것을 제시하거나 소개할 때, 또는 뭔가를 찾아냈을 때 쓰는 표현이에요.
- Here is 뒤에는 단수 명사, Here are 뒤에는 복수 명사를 써요.

통문장 A 아래 문장을 3회 이상 듣고 따라 한 후, 통문장을 써 보세요. 🎧 ① ② ③

281 **Here is** the change. ➡
여기 거스름돈이 **있습니다**.

282 **Here are** some ideas. ➡
여기 몇 가지 아이디어들이 **있습니다**.

283 **Here is** a news. ➡
여기 소식 하나가 **있습니다**.

284 **Here are** your seats. ➡
여기 당신들의 자리들이 **있습니다**.

285 **Here is** a hint for you. ➡
여기 당신을 위한 힌트가 **있습니다**.

문법 확인 우리말 의미에 맞게 연결하며 통문장 속 규칙을 확인하세요.

1 여기에 너희들 자리가 있네. •   • Here is •   • some ideas.

2 거스름돈 여기 있어요. •   • Here are •   • your seats.

3 여기 몇 가지 아이디어가 있어. •   • Here is •   • a hint for you.

4 널 위한 힌트가 여기 있어. •   • Here are •   • the change.

❍ Here is[are] ~(여기 ~이 있습니다)는 is[are] 뒤에 나오는 말이 주어예요. be동사는 뒤의 주어를 보고 결정해요.

[초등 필수 문법] **전치사 for**
- be동사와 전치사 for(~을 위해)를 같이 써서 '~을 위한 것이다'라는 의미를 만들어요.
- 〈for + 명사〉는 '(명사)를 위해'라는 의미이고, 〈for + 동사-ing〉는 '~하기 위해'라는 의미예요.
- Is this for ~?는 목적[의도]를 묻는 표현이에요. 주어가 these일 때는 Are these for ~?로 써요.

통문장 Ｂ 아래 문장을 3회 이상 듣고 따라 한 후, 통문장을 써 보세요. 🎧 ① ② ③

286 **Is this for** me? ➡

이것은 저를 위한 것입니까?

287 **Are these for** saving the earth? ➡

이것들은 지구를 구하기 위한 것입니까?

288 **Is this for** the future? ➡

이것은 미래를 위한 것입니까?

289 **Are these for** us? ➡

이것들은 우리를 위한 것입니까?

290 **Is this for** finding the answer? ➡

이것은 답을 찾기 위한 것입니까?

문법 확인 우리말 의미에 맞게 연결하며 통문장 속 규칙을 확인하세요.

1 이것들은 우리를 위한 거야?　·　·　Is this for　·　·　me?

2 이건 답을 찾기 위한 거야?　·　·　Are these for　·　·　us?

3 이게 나를 위한 거야?　·　·　Is this for　·　·　finding the answer?

4 이것들은 지구를 구하기 위한 거야? ·　·　Are these for　·　·　saving the earth?

● for 뒤에 동사-ing를 넣으면 '~하기 위한'이라는 의미가 돼요. 이때 동사-ing는 '~하기'라는 명사의 의미예요.

137

1 우리말의 의미에 맞게 알맞은 영어 단어를 골라 대화를 완성하세요.

1 A 여기 뉴스가 하나 있어.

| Here | are | a news | is |

.

B 이거 미래를 위한 거야?

| the future | for | this | Is | Are |

?

2 A 여기 몇 가지 아이디어가 있어.

| Here | are | some | is | ideas |

.

B 이것들은 지구를 구하기 위한 거야?

| the earth | for | these | saving | Are |

?

2 다음 대화를 완성하세요.

1 A _____ your seats.   여기 너희들 자리들이 있어.

B _____ for us?   이것들이 우리를 위한 건가요?

2 A _____ the change.   여기 거스름돈이 있어요.

B _____ for me?   이게 저를 위한 건가요?

3 A _____ a hint for you.   여기 너를 위한 힌트가 있어.

B Is this _____ ?   이게 정답을 찾기 위한 건가요?

3 우리말을 영어로 쓴 것 중 틀린 부분을 찾고, 문장을 바르게 고쳐 쓰세요.

1 **A** 여기 몇 가지 아이디어들이 있어요.
Is here some ideas. ➡

2 **B** 이것은 미래를 위한 건가요?
Are these from the future? ➡

3 **B** 이건 정답을 찾기 위한 건가요?
This is for find the answer? ➡

✎ 서술형 문제 도전 **1** Here is [are] ~와 전치사 for를 이용하여 쓰기

some books 책 몇 권   my homework 내 숙제
a box 상자 하나   pack the present 선물을 포장하다

1 **A** 여기 책 몇 권이 있어.

B 이것들은 내 숙제를 위한 건가요?

2 **A** 여기 상자 하나가 있어.

B 이건 선물을 포장하기 위한 건가요?

✎ 서술형 문제 도전 **2**

1 주어진 말을 이용하여 대화를 완성하세요.

A: Here is some money.
B: Is this for _____? (buy a book)

➡ _____

2 틀린 곳을 찾아 번호를 쓰고, 바르게 고쳐 쓰세요.

Here are a beautiful flower.
① ② ③ ④

_____ ➡ _____

DAY 30 감탄문

[초등 필수 문법] **how 감탄문**

- How로 감탄을 표현할 때는 How 뒤에 형용사를 넣어 '얼마나 ~한가'라는 의미를 만들어요.
- ⟨How + 형용사⟩ 뒤에는 ⟨주어 + is[are]⟩를 쓸 수 있으며, 이것은 생략할 수 있어요.
- 감탄을 표현하는 문장의 경우, 문장 끝에 느낌표(!)를 넣어요.

통문장 A 아래 문장을 3회 이상 듣고 따라 한 후, 통문장을 써 보세요. 🎧 ① ② ③

[291] **How nice** (the plan is)! ➡

(그 계획은) 얼마나 좋은가!

[292] **How exciting** (the game is)! ➡

(그 게임은) 얼마나 흥미진진한가!

[293] **How pretty** (the doll is)! ➡

(그 인형은) 얼마나 예쁜가!

[294] **How amazing** (the universe is)! ➡

(우주는) 얼마나 놀라운가!

[295] **How wonderful** (the world is)! ➡

(세상은) 얼마나 멋진가!

문법 확인 우리말 의미에 맞게 연결하며 통문장 속 규칙을 확인하세요.

1 그 게임은 얼마나 흥미로운지! •	• How amazing •	• the world is!
2 세상은 얼마나 멋진가! •	• How pretty •	• the doll is!
3 그 인형이 얼마나 예쁜지! •	• How exciting •	• the game is!
4 우주는 얼마나 놀라운가! •	• How wonderful •	• the universe is!

⊙ ⟨How + 형용사⟩에 느낌표(!)를 찍으면 감탄문이 돼요. 이 뒤에는 의문문 어순(be + 주어)이 아닌 ⟨주어 + be⟩를 쓰며, 이는 생략할 수 있어요.

초등 필수 문법 **what 감탄문**

- What으로 감탄을 표현할 때는 What 뒤에 명사를 넣어서 '(정말) 대단한 ~야'라는 의미를 만들어요.
- What 뒤에 명사를 넣을 때는 〈What + (관사) + 형용사 + 명사〉의 순서로 써요.

통문장 B 아래 문장을 3회 이상 듣고 따라 한 후, 통문장을 써 보세요. 🎧 1 2 3

296 **What a nice plan!** ➡
정말 좋은 계획이군요!

297 **What an exciting game!** ➡
정말 흥미진진한 게임이군요!

298 **What a pretty doll!** ➡
정말 예쁜 인형이군요!

299 **What an amazing universe!** ➡
정말 놀라운 우주네요!

300 **What a wonderful world!** ➡
정말 멋진 세상이네요!

문법 확인 우리말 의미에 맞게 연결하며 통문장 속 규칙을 확인하세요.

1 정말 예쁜 인형이야!	•	• What a •	•	wonderful world!
2 정말 흥미진진한 게임이야!	•	• What a •	•	amazing universe!
3 정말 놀라운 우주야!	•	• What an •	•	exciting game!
4 정말 멋진 세상이야!	•	• What an •	•	pretty doll!

↻ 모음으로 시작하는 명사나 형용사 앞에는 a 대신 an을 써요. w는 자음이에요.

1 우리말의 의미에 맞게 알맞은 영어 단어를 골라 대화를 완성하세요.

1 A 그 게임은 얼마나 흥미진진한지! | is | How | What | the game | exciting |

➡ _____ !

   B 정말 흥미진진한 게임이야! | game | How | What | a | an | exciting |

➡ _____ !

2 A 세상은 얼마나 멋진지! | the world | is | wonderful | How | What |

➡ _____ !

   B 정말 멋진 세상이야! | world | How | an | a | What | wonderful |

➡ _____ !

2 다음 대화를 완성하세요.

1 A _____ the plan is!   그 계획은 얼마나 멋진지!

   B What _____ !   정말 멋진 계획이야!

2 A _____ the universe is!   우주는 얼마나 놀라운지!

   B What _____ !   정말 놀라운 우주야!

3 A _____ the doll is!   그 인형은 얼마나 예쁜지!

   B What _____ !   정말 예쁜 인형이야!

3 우리말을 영어로 쓴 것 중 틀린 부분을 찾고, 문장을 바르게 고쳐 쓰세요.

1 **B** 정말 멋진 세상이야!
How an wonderful world! ➡

2 **A** 그 게임은 얼마나 흥미진진한지!
What exciting the game is! ➡

3 **B** 정말 놀라운 우주야!
What a amazing universe! ➡

✎ **서술형 문제 도전 1** 감탄문 쓰기

(the) story (그) 이야기   interesting 흥미로운   (the) boy (그) 소년   wise 지혜로운

1 **A** 그 이야기는 얼마나 흥미로운지요!

B 정말 흥미로운 이야기예요!

2 **A** 그 소년은 얼마나 지혜로운지요!

B 정말 지혜로운 소년이에요!

✎ **서술형 문제 도전 2**

1 괄호 안의 낱말들을 순서에 맞게 배열하세요.

(an, idea, interesting, what) !

➡ _____

2 틀린 곳을 찾아 번호를 쓰고, 바르게 고쳐 쓰세요.

What beautiful the world is!
 ①   ②   ③   ④

_____ ➡ _____

143

7TH WEEK

영문법은 통문장 31~35

영어 단어 확인 아는 단어에 체크하고, 모르는 단어는 암기해 두세요.

☑ **WORDS**	☑ **WORDS**
☐ **beautiful** 아름다운	☐ **exercise** 운동하다
☐ **always** 항상	☐ **fight** 싸우다
☐ **visit** 방문하다	☐ **helpful** 도움이 되는
☐ **laugh** 웃다	☐ **often** 자주, 종종
☐ **usually** 주로, 대개	☐ **Chinese** 중국어
☐ **invite** 초대하다	☐ **sometimes** 때때로, 가끔
☐ **useful** 쓸모 있는, 유용한	☐ **at night** 밤에
☐ **wing** 날개	☐ **in the morning** 아침에
☐ **carry** 옮기다	☐ **in the evening** 저녁에
☐ **restaurant** 식당, 레스토랑	☐ **on weekends** 주말에

비교급 / 전치사 than

초등 필수 문법 **비교급**

- 형용사 뒤에 -er을 붙이면, '더 ~한'이라는 의미가 돼요.
- 주로 길이가 긴 형용사들은 -er을 붙이지 않고, 형용사 앞에 more를 넣어요.
- 비교하는 대상이 사람이면 Who is ~, 사물이면 What is ~를 사용해서 물어요.

통문장 **A** 아래 문장을 3회 이상 듣고 따라 한 후, 통문장을 써 보세요. 🎧 ① ② ③

301 **Who is** tall**er**? ⇒

누가 더 키가 큽니까?

302 **Who is more** beautiful? ⇒

누가 더 아름답습니까?

303 **Who is** short**er**? ⇒

누가 더 짧습니까? (더 키가 작습니까?)

304 **What is more** interesting? ⇒

무엇이 더 재미있습니까?

305 **What is** dark**er**? ⇒

무엇이 더 어둡습니까?

문법 확인 우리말 의미에 맞게 연결하며 통문장 속 규칙을 확인하세요.

1 누가 더 아름답지?	•	• Who is	•	• darker?
2 뭐가 더 재미있어?	•	• What is	•	• more beautiful?
3 뭐가 더 어둡니?	•	• Who is	•	• taller?
4 누가 더 키가 커?	•	• What is	•	• more interesting?

❍ '뭐가, 무엇이'에 해당하는 의문사는 What이며, '누가'에 해당하는 의문사는 Who예요.

초등 필수 문법　**전치사 than**
- than은 '~보다'라는 의미를 가진 전치사예요.
- 전치사 than 뒤에 '누구'보다, '무엇'보다에 해당하는 말을 넣어요.

통문장 Ｂ 아래 문장을 3회 이상 듣고 따라 한 후, 통문장을 써 보세요. 🎧 ① ② ③

306 Jinsu is **taller than** Chulsu. ➡

진수가 철수보다 더 키가 큽니다.

307 My cat is **more beautiful than** your dog. ➡

제 고양이가 당신의 개보다 더 아름다워요.

308 Subin is **shorter than** Jinsu. ➡

수빈이가 진수보다 더 키가 작습니다.

309 A movie is **more interesting than** a book. ➡

영화가 책보다 더 재미있습니다.

310 This is **darker than** that. ➡

이것이 저것보다 더 어둡습니다.

문법 확인 우리말 의미에 맞게 연결하며 통문장 속 규칙을 확인하세요.

1 내 고양이가 네 개보다 더 아름답지. •	• Jinsu is taller	• than a book.
2 영화가 책보다 더 재미있지. •	• This is darker	• than that.
3 이게 저거보다 더 어두워. •	• My cat is more beautiful	• than your dog.
4 진수가 철수보다 더 키가 커. •	• A movie is more interesting	• than Chulsu.

○ 무엇이 무엇보다 '더 ~한지'를 생각하세요. than 뒤에는 '덜 ~한 것'이 들어가요.

1 우리말의 의미에 맞게 알맞은 영어 단어를 골라 대화를 완성하세요.

1　A　누가 더 키가 작니?

more	-er	is	Who	short

➡ _____ ?

B　수빈이가 진수보다 더 키가 작아.

than	is	Jinsu	Subin	shorter

➡ _____ .

2　A　무엇이 더 어둡니?

dark	more	-er	is	What

➡ _____ ?

B　이게 저것보다 어두워.

This	that	than	is	darker

➡ _____ .

2 다음 대화를 완성하세요.

1　A　_____ more interesting?　　무엇이 더 재미있어?

B　A movie is more interesting _____ a book.　영화가 책보다 더 재미있어.

2　A　_____ taller?　　누가 더 키가 커?

B　Jinsu is _____ Chulsu.　진수가 철수보다 더 키가 커.

3　A　_____ beautiful?　　누가 더 아름답니?

B　My cat is _____ your dog.　내 고양이가 네 개보다 아름답지.

3 우리말을 영어로 쓴 것 중 틀린 부분을 찾고, 문장을 바르게 고쳐 쓰세요.

1 A 무엇이 더 어두워?
   What is more dark? ➡

2 A 누가 더 아름답나요?
   Who is beautifuler? ➡

3 B 진수가 철수보다 더 키가 크다.
   Jinsu is taller to Chulsu. ➡

✎ 서술형 문제 도전 **1** 비교급과 전치사 than을 이용하여 쓰기

more useful 더 쓸모 있는   this cup 이 컵   that 저것

faster 더 빠른   my brother 나의 오빠   my sister 나의 여동생

1 A 무엇이 더 쓸모 있나요?

   B 이 컵이 저것보다 더 쓸모 있어요.

2 A 누기 더 빠르죠?

   B 저의 오빠가 제 여동생보다 더 빨라요.

✎ 서술형 문제 도전 **2**

1 빈칸에 알맞은 말을 써서 대화를 완성하세요.

A: Sumi is tall!
B: But Jinny is _____ Sumi.

➡ _____

2 틀린 곳을 찾아 번호를 쓰고, 바르게 고쳐 쓰세요.

This is more helpful then that.
①   ②   ③ ④

_____ ➡ _____

149

what 의문문 / 빈도부사

초등 필수 문법 **의문사 what + 일반동사 의문문**
- What do you do ~?는 '당신은 무엇을 합니까?'라는 질문이에요.
- 주어가 3인칭 단수일 때는 주어 앞에 있는 do를 does로 바꾸어 써요.
- What do you do 뒤에 〈전치사 + 장소[시간]〉를 넣어 구체적으로 언제, 어디서, 무엇을 하는지 물을 수 있어요.

통문장 A 아래 문장을 3회 이상 듣고 따라 한 후, 통문장을 써 보세요. 🎧 ① ② ③

311 **What do** you **do** on weekends? ➡
당신은 주말에 **무엇을** 합니까?

312 **What does** she **do** at night? ➡
그녀는 밤에 **무엇을** 합니까?

313 **What do** they **do** in the gym? ➡
그들은 체육관에서 **무엇을** 합니까?

314 **What does** he **do** in the park? ➡
그는 공원에서 **무엇을** 합니까?

315 **What do** you **do** in the afternoon? ➡
당신은 오후에 **무엇을** 합니까?

문법 확인 우리말 의미에 맞게 연결하며 통문장 속 규칙을 확인하세요.

1 그녀는 밤에 뭐 해? •   • What do you do •   • in the room?

2 그는 공원에서 뭐 해? •   • What do they do •   • in the park?

3 넌 오후에 뭐 해? •   • What does she do •   • in the afternoon?

4 그들은 방에서 뭐 해? •   • What does he do •   • at night?

❍ 〈What do[does] + 주어 + do〉 뒤에는 〈전치사 + 장소나 시간을 나타내는 명사〉를 쓸 수 있어요.

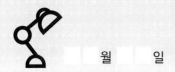

초등 필수 문법 **빈도부사**

- 빈도부사란 '얼마나 자주'하는가, 즉 빈도를 나타내는 말이에요.
- 빈도부사에는 usually(주로), always(항상), often(종종, 자주), sometimes(가끔) 등이 있어요.
- 빈도부사를 쓰는 위치는 일반동사 앞, be동사 뒤예요.

통문장 [B] 아래 문장을 3회 이상 듣고 따라 한 후, 통문장을 써 보세요. 🎧 ① ② ③

316 I **usually stay** home.　　　⟹

　　　　　　저는 주로 집에 있어요.

317 She **usually watches** TV.　　⟹

　　　　　　그녀는 주로 TV를 봐요.

318 They **always play** basketball.　⟹

　　　　　　그들은 항상 농구를 해요.

319 He **sometimes exercises**.　　⟹

　　　　　　그는 가끔 운동해요.

320 I **often visit** my grandma.　　⟹

　　　　　　저는 종종 저의 할머니를 방문해요.

문법 확인 우리말 의미에 맞게 연결하며 통문장 속 규칙을 확인하세요.

1 그녀는 주로 TV를 봐요.　·　　· He sometimes ·　　· visit my grandma.

2 전 종종 할머니를 방문해요.·　　· They always ·　　· exercises.

3 그는 가끔 운동해요.　　·　　· I often ·　　· watches TV.

4 그들은 항상 농구를 해요.　·　　· She usually ·　　· play basketball

○ usually, always, often, sometimes는 빈도를 나타내는 부사로, 일반동사 앞에 써요.

1 우리말의 의미에 맞게 알맞은 영어 단어를 골라 대화를 완성하세요.

1   **A** 너는 오후에 뭐 하니?

| do | do | does | you | What |

➡ _____ in the afternoon?

B 나는 종종 할머니를 방문해.

| often | visit | I | visits |

➡ _____ my grandma.

2   **A** 그는 공원에서 뭐 해?

| he | What | do | do | does |

➡ _____ in the park?

B 그는 가끔 운동해.

| exercises | exercise | sometimes | He |

➡ _____ .

2 다음 대화를 완성하세요.

1   **A** _____ on weekends?   넌 주말에 뭐 해?

B I _____ stay home.   난 주로 집에 있어.

2   **A** _____ at night?   그녀는 밤에 뭘 합니까?

B She _____ TV.   그녀는 주로 TV를 봐요.

3   **A** _____ in the gym?   그들은 체육관에서 뭘 하나요?

B They _____ basketball.   그들은 항상 농구를 해요.

3 우리말을 영어로 쓴 것 중 틀린 부분을 찾고, 문장을 바르게 고쳐 쓰세요.

1 **B** 그녀는 주로 TV를 봐요.
She watch usually TV. ➡

2 **A** 그들은 체육관에서 뭘 하나요?
What does they do the gym? ➡

3 **A** 그녀는 밤에 무엇을 하나요?
What do she do night? ➡

✎ 서술형 문제 도전 **1** what 의문문과 빈도부사 쓰기

in the evening 저녁에   in the park 공원에서   run 달리다
on weekends 주말에   surf the Internet 인터넷 서핑을 하다

1 **A** 넌 저녁에 뭐 해?

   B 난 주로 공원에서 달려.

2 **A** 그는 주말에 뭐 해?

   B 그는 항상 인터넷 서핑을 해.

✎ 서술형 문제 도전 **2**

1 괄호 안의 낱말들을 순서에 맞게 배열하세요.

She (to, goes, often) a movie.

➡ _____

2 틀린 곳을 찾아 번호를 쓰고, 바르게 고쳐 쓰세요.

She usually eat lunch at the restaurant.
    ①   ②   ③   ④

_____ ➡ _____

현재 진행형 의문문과 대답

초등 필수 문법 **현재 진행형 의문문**

- 동사를 〈be + 동사-ing〉의 형태로 만들면 현재 '~하는 중이다'라는 의미가 돼요.
- 〈be + 동사-ing〉에서 be는 주어에 따라 am, are, is를 써요.
- 의문사 What 뒤에는 〈be + 주어 + 동사-ing〉의 순서로 써요.

통문장 A 아래 문장을 3회 이상 듣고 따라 한 후, 통문장을 써 보세요. 🎧 ① ② ③

321 **What are** you **doing**?

➡ 당신은 무엇을 하는 중입니까?

322 **What is** she **watching**?

➡ 그녀는 무엇을 보는 중입니까?

323 **What are** they **eating**?

➡ 그들은 무엇을 먹는 중입니까?

324 **What is** he **making**?

➡ 그는 무엇을 만드는 중입니까?

325 **What are** you **studying**?

➡ 당신은 무엇을 공부하는 중입니까?

문법 확인 우리말 의미에 맞게 연결하며 통문장 속 규칙을 확인하세요.

1 넌 무슨 공부하고 있어? • • What is • • they eating?

2 그녀는 뭘 보는 중이야? • • What are • • he making?

3 그는 뭘 만들고 있니? • • What is • • you studying?

4 그들은 뭘 먹고 있는 거야? • • What are • • she watching?

🔾 -e로 끝나는 동사(make)는 e를 없애고 -ing를 붙여요(making).

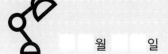

초등 필수 문법 **현재 진행형 평서문 (긍정, 부정)**

- 〈am[are, is] + 동사-ing〉는 '~하는 중이다'라는 의미예요.
- 〈be + 동사-ing〉 뒤에는 '무엇'을 하고 있는지에 해당하는 말을 넣어요.
- 현재 진행형의 부정은 be동사 뒤에 not을 넣어 〈be + not + 동사-ing〉로 써요.

통문장 B 아래 문장을 3회 이상 듣고 따라 한 후, 통문장을 써 보세요. 🎧 ① ② ③

326 I **am writing** a letter.

➡ 저는 편지를 쓰는 중입니다.

327 She **is watching** a game.

➡ 그녀는 경기를 보는 중입니다.

328 They **are eating** spaghetti.

➡ 그들은 스파게티를 먹는 중입니다.

329 He **is making** a cake.

➡ 그는 케이크를 만드는 중입니다.

330 I **am studying** Chinese.

➡ 저는 중국어를 공부하는 중입니다.

문법 확인 우리말 의미에 맞게 연결하며 통문장 속 규칙을 확인하세요.

1 난 중국어를 공부하고 있어. ·	· They · · is making ·	· spaghetti.
2 그녀는 게임을 보는 중이지. ·	· He · · is watching ·	· Chinese.
3 그는 케이크를 만들고 있어. ·	· I · · are eating ·	· a cake.
4 그들은 스파게티를 먹고 있어. ·	· She · · am studying ·	· a game.

❍ 동사를 〈be + 동사-ing〉의 형태로 만들면 '~하는 중이다'라는 의미가 돼요. 이때 be는 주어에 맞추어 am, are, is 중 하나를 써요.

1 우리말의 의미에 맞게 알맞은 영어 단어를 골라 대화를 완성하세요.

1 **A** 그는 무엇을 만들고 있니?

| is | he | are | What | making |

➡ _____ ?

B 그는 케이크를 만들고 있어요.

| is | making | He | are | a cake |

➡ _____ .

2 **A** 넌 뭘 공부하고 있니?

| is | you | are | What | studying |

➡ _____ ?

B 나는 중국어를 공부하고 있어.

| am | I | are | Chinese | studying |

➡ _____ .

2 다음 대화를 완성하세요.

1 **A** What _____ ? 그들은 무엇을 먹고 있니?

B They _____ spaghetti. 그들은 스파게티를 먹고 있어.

2 **A** What _____ ? 그녀는 무엇을 보고 있나요?

B She _____ a game. 그녀는 게임을 보고 있어요.

3 **A** What _____ ? 너는 무엇을 하고 있니?

B I _____ a letter. 나는 편지를 쓰고 있어.

3 우리말을 영어로 쓴 것 중 틀린 부분을 찾고, 문장을 바르게 고쳐 쓰세요.

1 **A** 그들은 뭘 먹고 있니?
What is they eat? ➡

2 **B** 그는 케이크를 만들고 있어.
He makes a cake. ➡

3 **A** 너는 무엇을 공부하고 있니?
What is you study? ➡

✏ **서술형 문제 도전** **1** 현재 진행형으로 문장 쓰기

Susan 수잔(여자 이름)   do 하다   have lunch 점심을 먹다
your sisters 너의 여동생들   fix 고치다   a chair 의자

1 **A** 수잔은 뭘 하고 있지?

B 그녀는 점심을 먹고 있어요.

2 **A** 네 여동생들은 뭘 고치고 있니?

B 그들은 의자를 고치고 있어요.

✏ **서술형 문제 도전** **2**

1 주어진 단어를 이용하여 대화를 완성하세요.

A: What _____ here? (do)
B: I am buying a hot dog.

➡ _____

2 틀린 곳을 찾아 번호를 쓰고, 바르게 고쳐 쓰세요.

What are the kids carry in the box?
 ①   ②   ③   ④

_____ ➡ _____

157

why 진행형 의문문 / because

초등 필수 문법 **의문사 why 진행형 의문문**
- 〈be + 주어 + 동사-ing〉(~하는 중이니) 앞에 Why를 붙이면 '왜 ~하는 중입니까?'라는 질문이 돼요.
- 〈Why + be + 주어 + 동사-ing〉에서 be는 주어에 따라 am, are, is를 써요.

통문장 A 아래 문장을 3회 이상 듣고 따라 한 후, 통문장을 써 보세요. 🎧 ① ② ③

331 **Why is** she **running**? ➡

그녀는 왜 뛰고 있습니까?

332 **Why are** you **crying**? ➡

당신은 왜 울고 있습니까?

333 **Why are** they **smiling**? ➡

그들은 왜 미소 짓고 있습니까?

334 **Why is** he **sleeping**? ➡

그는 왜 자고 있습니까?

335 **Why are** you **laughing**? ➡

당신들은 왜 웃고 있습니까?

문법 확인 우리말 의미에 맞게 연결하며 통문장 속 규칙을 확인하세요.

1 너희들은 왜 웃고 있니?	•	• Why is •		• they smiling?
2 그녀는 왜 뛰고 있어?	•	• Why are •		• she running?
3 그는 왜 자고 있니?	•	• Why is •		• he sleeping?
4 그들은 왜 미소 짓고 있지?	•	• Why are •		• you laughing?

○ smile – smiling   run – running

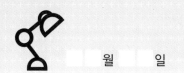

초등 필수 문법 because vs. because of
- 이유를 설명할 때는 It is 뒤에 because나 because of를 써서, '그것은 ~(이기) 때문이다'라고 대답해요.
- because 뒤에는 주어와 동사가 있는 문장을 넣어 이유를 설명해요.
- because of 뒤에는 명사를 넣어 이유를 설명해요.

통문장 B 아래 문장을 3회 이상 듣고 따라 한 후, 통문장을 써 보세요. 🎧 ① ② ③

336 **It is because** she is late.
➡ 그것은 그녀가 늦었기 때문입니다.

337 **It is because of** the exam.
➡ 그것은 시험 때문입니다.

338 **It is because of** their daughter.
➡ 그것은 그들의 딸 때문입니다.

339 **It is because** he is tired.
➡ 그것은 그가 피곤하기 때문입니다.

340 **It is because** the show is funny.
➡ 그것은 그 쇼가 웃기기 때문입니다.

문법 확인 우리말 의미에 맞게 연결하며 통문장 속 규칙을 확인하세요.

1 그건 시험 때문이야. • ● It is because • ● he is tired.

2 그건 그녀가 늦었기 때문이지. • ● It is because of • ● she is late.

3 그건 그가 피곤해서 그래. • ● It is because • ● the exam.

4 그건 그들의 딸 때문이야. • ● It is because of • ● their daughter.

💡 It is because 뒤에는 문장(주어 + 동사)이 나오고 It is because of 뒤에는 명사가 나와요.

1 우리말의 의미에 맞게 알맞은 영어 단어를 골라 대화를 완성하세요.

1 **A** 넌 왜 울고 있니?

| crying | Why | you | are | is |

➡ _____ ?

B 그건 시험 때문이야.

| the exam | of | It | because | is |

➡ _____ .

2 **A** 그는 왜 자고 있나요?

| sleeping | Why | he | are | is |

➡ _____ ?

B 그건 그가 피곤하기 때문이에요.

| he | of | It | because | is |

➡ _____ is tired.

2 다음 대화를 완성하세요.

1 **A** _____ laughing?   너희들은 왜 웃고 있니?

   B It is _____ the show is funny.   그건 그 쇼가 웃기기 때문이야.

2 **A** Why _____ ?   그녀는 왜 뛰고 있나요?

   B _____ she is late.   그건 그녀가 늦었기 때문이에요.

3 **A** Why _____ ?   왜 그들은 미소 짓고 있나요?

   B _____ their daughter.   그건 그들의 딸 때문이에요.

3 우리말을 영어로 쓴 것 중 틀린 부분을 찾고, 문장을 바르게 고쳐 쓰세요.

1 **B** 그건 그녀가 늦었기 때문이야.
It is because of she is late. ➡

2 **B** 그건 그들의 딸 때문이에요.
It are because their daughter. ➡

3 **A** 너희들은 왜 웃고 있니?
Why is you laugh? ➡

✎ 서술형 문제 도전 **1** why 진행형 의문문과 because로 쓰기

read 읽다　　it 그것　　this 이것　　interesting 재미있는
study hard 열심히 공부하다　　the exam 그 시험

1 **A** 당신은 왜 그것을 읽고 있나요?

B 그건 이것이 재미있기 때문이죠.

2 **A** 그는 왜 열심히 공부하고 있죠?

B 그건 그 시험 때문이에요.

✎ 서술형 문제 도전 **2**

1 빈칸에 알맞은 말을 써서 대화를 완성하세요.

A: Why is he talking to Ms. Choi?
B: It's _____ he has a question.

➡ _____

2 틀린 곳을 찾아 번호를 쓰고, 바르게 고쳐 쓰세요.

Why is Sam and Amy fighting there?
　①　②　　　　　　③　　　④

_____ ➡ _____

how[what] about / the same, both

[초등 필수 문법] **How [What] about ~?**

- How[What] about ~?은 '~은 어때?'라는 뜻으로 의견을 묻는 표현이에요.
- 전치사 about 뒤에 명사를 넣어서 '~은 어때?'라는 의미를 만들어요.
- 전치사 about 뒤에 동사-ing를 넣어서 '~하는 것은 어때?'라는 의미를 만들 수도 있어요.

통문장 Ⓐ 아래 문장을 3회 이상 듣고 따라 한 후, 통문장을 써 보세요. 🎧 ① ② ③

341 **How about** the color?
➡
그 색은 **어떻습니까?**

342 **What about** wings?
➡
날개들은 **어떻습니까?**

343 **How about** their eyes?
➡
그들의 눈은 **어떻습니까?**

344 **What about** counting their legs?
➡
그들의 다리를 세는 건 **어떨까요?**

345 **How about** searching the names?
➡
그 이름들을 검색하는 건 **어떨까요?**

문법 확인 우리말 의미에 맞게 연결하며 통문장 속 규칙을 확인하세요.

1 날개들은 어떨까?	•	• What about •	• counting their legs?
2 그들의 눈은 어때?	•	• How about •	• their eyes?
3 그들의 다리를 세어 보는 게 어때?	•	• What about •	• wings?
4 그 이름들을 검색해 보는 게 어때?	•	• How about •	• searching the names?

❍ How[What] about 뒤에는 명사나 동사-ing를 쓸 수 있어요.

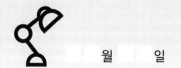

초등 필수 문법 **the same, both**
- the same은 '같은'이라는 의미로 그 뒤에 명사를 써서 공통점을 표현할 수 있어요.
- both는 '둘 다'라는 의미로, 주어 바로 뒤에 써서 두 사람, 두 가지의 공통점을 표현해요.

통문장 B 아래 문장을 3회 이상 듣고 따라 한 후, 통문장을 써 보세요. 🎧 ① ② ③

346 **They have the same** color. ➡

그들은 같은 색을 가지고 있습니다.

347 **They both have** wings. ➡

그들은 둘 다 날개를 가지고 있습니다.

348 **They have the same** eyes. ➡

그들은 같은 눈을 가지고 있습니다.

348 **They both have** 6 legs. ➡

그들은 둘 다 6개의 다리를 가지고 있습니다.

350 **They have the same** name. ➡

그들은 같은 이름을 가지고 있습니다.

문법 확인 우리말 의미에 맞게 연결하며 통문장 속 규칙을 확인하세요.

1 그들은 둘 다 날개가 있어요. •   • They have the same •   • 6 legs.

2 그들은 같은 색이에요. •   • They both have •   • eyes.

3 그들은 같은 눈을 갖고 있어요. •   • They have the same •   • color.

4 그들은 둘 다 다리가 6개예요. •   • They both have •   • wings.

❍ the same은 형용사로 그 뒤에 명사를 쓰며, both는 '둘 다'라는 의미로 두 가지[사람]의 공통점을 말할 때 써요.

1 우리말의 의미에 맞게 알맞은 영어 단어를 골라 대화를 완성하세요.

1   **A** 그들의 눈은 어때?

| their | How | eyes | about |

➡ _____ ?

B 그들은 같은 눈을 가지고 있어.

| both | They | have | eyes | the same |

➡ _____ .

2   **A** 날개는 어때?

| wings | What | about |

➡ _____ ?

B 그들 둘 다 날개가 있어.

| both | They | have | wings | the same |

➡ _____ .

2 다음 대화를 완성하세요.

1   **A** _____ the color?   그 색은 어때?

B They have _____ color.   그들은 같은 색을 가지고 있어.

2   **A** _____ the names?   그 이름들을 검색해 보는 게 어때?

B They have _____ name.   그들은 같은 이름을 가지고 있어.

3   **A** _____ their legs?   그들의 다리를 세어 보는 건 어떨까?

B They _____ 6 legs.   그들은 둘 다 6개의 다리를 가지고 있어.

3 우리말을 영어로 쓴 것 중 틀린 부분을 찾고, 문장을 바르게 고쳐 쓰세요.

1 **A** 그들의 다리를 세어 보는 건 어떨까?
What about count their legs?

2 **B** 그들은 둘 다 6개의 다리를 가지고 있어.
Both they has 6 legs.

3 **B** 그들은 같은 이름을 가지고 있어요.
They same have name.

✏️ 서술형 문제 도전 **1** how [what] about과 the same, both를 이용하여 쓰기

invite – inviting 초대하다 – 초대하는 것   the two 그 둘   hobby 취미
have 가지고 있다   you and me 너와 나   homework 숙제

1 **A** 그 둘을 초대하는 건 어떨까?

B 응. 그들은 같은 취미를 가지고 있어.   OK.

2 **A** 너와 나는 어때?

B 우리 둘 다 숙제가 있어.

✏️ 서술형 문제 도전 **2**

1 주어진 단어를 이용하여 대화를 완성하세요.

A: How about _____? (cook)
B: Sorry. I can't cook.

➡ _____

2 both(둘 다)를 넣어 문장을 다시 쓰세요.

They have a big kite.

➡ _____

165

8TH WEEK

영어 단어 확인 아는 단어에 체크하고, 모르는 단어는 암기해 두세요.

☑ **WORDS**

- ☐ **want** 원하다
- ☐ **pilot** 비행사
- ☐ **wait** 기다리다
- ☐ **build** 짓다, 건물을 세우다
- ☐ **potato** 감자
- ☐ **cook** 요리사; 요리하다
- ☐ **water** 물
- ☐ **stomachache** 복통, 배 아픔
- ☐ **rest** 휴식, 쉼
- ☐ **medicine** 약

☑ **WORDS**

- ☐ **musician** 음악가
- ☐ **try** ~해[신어, 입어] 보다
- ☐ **artist** 예술가, 화가
- ☐ **stand in line** 줄을 서다
- ☐ **runny nose** 콧물감기
- ☐ **family picture** 가족사진
- ☐ **listen to** ~을 듣다
- ☐ **police officer** 경찰관
- ☐ **have fun** 재미있게 보내다
- ☐ **take a picture** 사진을 찍다

want to + 동사원형

want to + 동사원형 의문문

- want는 '원하다'라는 의미를 가진 동사예요.
- want 뒤에 〈to + 동사원형〉을 넣어 '~하기를 원하다'라는 의미를 만들어요.
- 의문문에서 주어가 3인칭 단수이면 Do가 아닌 Does로 시작해요.

통문장 A 아래 문장을 3회 이상 듣고 따라 한 후, 통문장을 써 보세요. 🎧 ① ② ③

351 **Do** you **want to** join?

당신은 함께 하기를 원합니까?

352 **Does** she **want to** play with me?

그녀는 나와 놀기를 원합니까?

353 **Do** they **want to** leave now?

그들은 지금 떠나기를 원합니까?

354 **Does** John **want to** ride a bike?

존은 자전거 타기를 원합니까?

355 **Do** you **want to** build a snowman?

당신은 눈사람 만들기를 원합니까?

문법 확인 네모 안에서 알맞은 말을 고르고, 괄호 안에 주어진 말을 빈칸에 알맞은 형태로 쓰세요.

1 그녀가 나와 놀기 원해? (play) ➡ | Does / Do | she want ___ with me?

2 그들은 지금 떠나길 원하는 거야? (leave) ➡ | Does / Do | they want ___ now?

3 넌 눈사람 만들기를 원하니? (build) ➡ | Does / Do | you want ___ a snowman?

4 존은 자전거 타기를 원하는 거야? (ride) ➡ | Does / Do | John want ___ a bike?

➡ 주어가 3인칭 단수이면 Does로 시작하며, want 뒤에는 〈to + 동사원형〉을 써요.

초등 필수 문법 want to + 동사원형 평서문 (긍정, 부정)

- 주어가 3인칭 단수이면 want 뒤에 -s를 붙여요.
- '~하기를 원하지 않다'라고 할 때는 don't want to ~라고 써요.
- 주어가 3인칭 단수이면 doesn't를 쓰며, 이 뒤에 나오는 want에는 -s를 붙이지 않아요.

통문장 Ⓑ 아래 문장을 3회 이상 듣고 따라 한 후, 통문장을 써 보세요. 🎧 ① ② ③

356 I **want to** join.

➡ 나는 함께 하기를 원합니다.

357 She **wants to** play with you.

➡ 그녀는 당신과 놀기를 원합니다.

358 They **don't want to** leave now.

➡ 그들은 지금 떠나기를 원하지 않습니다.

359 John **doesn't want to** ride a bike.

➡ 존은 자전거 타기를 원하지 않습니다.

360 I **don't want to** build a snowman.

➡ 저는 눈사람 만들기를 원하지 않습니다.

문법 확인 네모 안에서 알맞은 말을 고르고, 괄호 안에 주어진 말을 빈칸에 알맞은 형태로 쓰세요.

1 그녀는 나랑 놀기를 원해. (play) ➡ She | want / wants |　　　　　with me.

2 그들은 지금 떠나길 원치 않아. (leave) ➡ They | don't / doesn't | want 　　　　　now.

3 존은 자전거 타기를 원치 않아. (build) ➡ John | don't / doesn't | want 　　　　　a bike.

4 나는 함께 하기를 원해. (join) ➡ I | want / wants |　　　　　.

○ 주어가 3인칭 단수이면 want에 -s를 붙이고, 부정의 뜻인 경우 want 앞에 don't 대신 doesn't를 써요.

1 우리말의 의미에 맞게 알맞은 영어 단어를 골라 대화를 완성하세요.

1 **A** 너는 함께 하기를 원하니?

| want | you | Do | to | join |

➡ _____ ?

B 나는 함께 하기를 원해.

| don't | join | to | I | want |

➡ _____ .

2 **A** 존은 자전거 타기를 원하나요?

| want | Does | John | ride a bike | to |

➡ _____ ?

B 존은 자전거 타기를 원치 않아요.

| ride a bike | doesn't | to | want | John |

➡ _____ .

2 다음 대화를 완성하세요.

1 **A** _____ build a snowman?   너는 눈사람 만들기를 원하니?

B I _____ a snowman.   나는 눈사람을 만들기를 원치 않아.

2 **A** _____ play with me?   그녀는 나와 놀기를 원하니?

B She _____ with you.   그녀는 너와 놀기를 원해.

3 **A** _____ leave now?   그들은 지금 떠나기를 원하니?

B They _____ now.   그들은 지금 떠나기를 원하지 않아.

3 우리말을 영어로 쓴 것 중 틀린 부분을 찾고, 문장을 바르게 고쳐 쓰세요.

1 [B] 그녀는 너와 놀기를 원해.
She want play with you. ➡

2 [A] 존은 자전거 타기를 원하나요?
Do John wants to ride a bike? ➡

3 [A] 그들은 지금 떠나기를 원하나요?
Do they want to leaves now? ➡

✎ 서술형 문제 도전 **1** want to + 동사원형을 이용하여 쓰기

make 만들다   a cake 케이크   it 그것   have fun 재미있게 보내다

1 [A] 당신은 케이크를 만들기 원하나요?

  [B] 저는 그것을 만들기 원치 않아요.

2 [A] 그녀는 재미있게 보내기 원하나요?

  [B] 그녀는 재미있게 보내기 원해요.

✎ 서술형 문제 도전 **2**

1 빈칸에 알맞은 말을 써서 대화를 완성하세요.

A: Does he want to do the homework?
B: No. He _____ do it now.

➡ _____

2 틀린 곳을 찾아 번호를 쓰고, 바르게 고쳐 쓰세요.

Suji doesn't wants to take a picture.
　　　①　　②　　③　　④

_____ ➡ _____

DAY 37

want to be

초등 필수 문법 **want to be 의문문**

- be는 '~이다, 있다' 이외에도 '~이 되다'라는 의미가 있어요.
- want 뒤에 to be를 쓰면 '~이 되기(를) 원하다'라는 의미가 돼요.
- 의문문의 순서대로 What do[does] ~ want to be를 써서 '~은 무엇이 되기를 원하니?'라는 의미를 만들어요.

통문장 **A** 아래 문장을 3회 이상 듣고 따라 한 후, 통문장을 써 보세요. 🎧 ① ② ③

361 **What do** you **want to be**? ➡

당신은 무엇이 되기를 원합니까?

362 **What does** Mark **want to be**? ➡

마크는 무엇이 되기를 원합니까?

363 **What do** they **want to be**? ➡

그들은 무엇이 되기를 원합니까?

364 **What does** your sister **want to be**? ➡

당신의 누나는 무엇이 되기를 원합니까?

365 **What do** I **want to be**? ➡

나는 무엇이 되기를 원할까요?

문법 확인 우리말 의미에 맞게 연결하며 통문장 속 규칙을 확인하세요.

1 나는 뭐가 되기 원하게?	•	• What do	•	• you want to be?
2 네 누나는 뭐가 되기 원해?	•	• What does	•	• Mark want to be?
3 마크는 뭐가 되기 원하니?	•	• What do	•	• your sister want to be?
4 넌 뭐가 되기를 원해?	•	• What does	•	• I want to be?

○ 주어에 따라 What do를 쓸지 What does를 쓸지 결정해요.

월   일

· 듣기 순서 A ▶ B ▶ A B

(초등 필수 문법) **want to be 평서문**
- 주어가 3인칭 단수일 때 동사 want 뒤에 -s를 붙여요.
- be 뒤에 직업이 오면, be는 '~이 되다'라는 의미가 돼요.
- want 뒤에 〈to be + 직업〉을 써서 '~이 되기(를) 원하다'라는 의미를 만들어요.

통문장 B 아래 문장을 3회 이상 듣고 따라 한 후, 통문장을 써 보세요. 🎧 ① ② ③

366 I **want to be** a police officer. ➡

저는 경찰관이 **되기를 원합니다.**

367 He **wants to be** a model. ➡

그는 모델이 **되기 원합니다.**

368 They **want to be** a pilot. ➡

그들은 비행사가 **되기를 원합니다.**

369 She **wants to be** an artist. ➡

그녀는 예술가가 **되기 원합니다.**

370 You **want to be** a scientist. ➡

당신은 과학자가 **되기 원합니다.**

문법 확인 우리말 의미에 맞게 연결하며 통문장 속 규칙을 확인하세요.

1 넌 과학자가 되기 원하지. ·   · I ·   · want ·   · to be a model.

2 그는 모델이 되기 원해. ·   · He ·   · want ·   · to be an artist.

3 그녀는 예술가가 되기 원해. ·   · She ·   · wants ·   · to be a scientist.

4 난 경찰이 되기를 원해. ·   · You ·   · wants ·   · to be a police officer.

➡ 주어가 3인칭 단수인 경우에만 wants를 써요.

173

1 우리말의 의미에 맞게 알맞은 영어 단어를 골라 대화를 완성하세요.

1 **A** 너네 누나는 뭐가 되기 원해?

want	your sister	be	does	to

➡ What _____ ?

  B 그녀는 예술가가 되기 원해.

want	wants	be	an artist	to

➡ She _____ .

2 **A** 그들은 뭐가 되기 원해?

do	want	they	be	to

➡ What _____ ?

  B 그들은 비행가가 되기 원해.

to	wants	want	a pilot	be

➡ They _____ .

2 다음 대화를 완성하세요.

1 **A** What do I _____ ?   나는 뭐가 되기 원하게?

  B You _____ a scientist.   너는 과학자가 되기 원해.

2 **A** _____ Mark _____ ?   마크는 뭐가 되기 원해?

  B He _____ a model.   그는 모델이 되기 원해.

3 **A** _____ to be?   너는 뭐가 되기 원해?

  B I _____ a police officer.   나는 경찰관이 되기 원해.

3 우리말을 영어로 쓴 것 중 틀린 부분을 찾고, 문장을 바르게 고쳐 쓰세요.

1 **A** 마크는 뭐가 되기 원해?
What do Mark wants to be?

2 **B** 그들은 비행사가 되기 원해.
They wants be a pilot.

3 **A** 너는 뭐가 되기 원해?
What does you wants to be?

✎ 서술형 문제 도전 **1** want to be를 이용하여 쓰기

Paul 폴(남자 이름)   a musician 음악가   your sister 너의 여동생   a cook 요리사

1 **A** 폴은 뭐가 되기 원합니까?

B 그는 음악가가 되기 원해요.

2 **A** 너의 여동생은 뭐가 되기 원해?

B 그녀는 요리사가 되기 원해.

✎ 서술형 문제 도전 **2**

1 빈칸에 알맞은 말을 써서 대화를 완성하세요.

A: What does your sister want to be?
B: She _____ a nurse.

➡ _____

2 틀린 곳을 찾아 번호를 쓰고, 바르게 고쳐 쓰세요.

What does your friends want to be?
　①　②　　　　③　　④

_____ ➡ _____

175

DAY 38

would like의 쓰임

초등 필수 문법 **would like 의문문**

- would like는 want(원하다)와 같은 의미이지만 좀 더 정중한 표현이에요.
- Would you like 뒤에 〈to + 동사〉를 넣으면 '~하기를 원합니까?'라는 의미가 돼요.
- Would you like 뒤에 명사를 넣어서 '~을 원합니까?'라는 의미를 만들어요.

통문장 A 아래 문장을 3회 이상 듣고 따라 한 후, 통문장을 써 보세요. 🎧 1 2 3

371 **Would you like to** wait here?

➡ 여기서 기다리기를 원하세요?

372 **Would you like** some ice cream?

➡ 아이스크림을 좀 원하세요?

373 **Would you like** some milk?

➡ 우유를 좀 원하세요?

374 **Would you like to** listen to music?

➡ 음악 듣기를 원하세요?

375 **Would you like** some potatoes?

➡ 감자를 좀 원하세요?

문법 확인 우리말 의미에 맞게 연결하며 통문장 속 규칙을 확인하세요.

1 우유를 좀 원하나요?	•	• Would you like to	•	• wait here?
2 음악 듣기를 원하십니까?	•	• Would you like	•	• some potatoes?
3 여기서 기다리시길 원하세요?	•	• Would you like to	•	• some milk?
4 감자를 좀 원하시나요?	•	• Would you like	•	• listen to music?

↪ Would you like 뒤에는 명사나 〈to + 동사〉를 쓸 수 있어요. 〈to + 동사〉는 '~하기'라는 의미가 돼요.

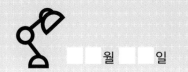

초등 필수 문법　**would like 평서문**

- I would like 뒤에 〈to + 동사〉를 넣으면 '~하기를 원합니다, ~하고 싶습니다'라는 의미가 돼요.
- I would like 뒤에 명사를 넣어서 '~을 원합니다'라는 의미를 만들어요.

통문장 **B**　아래 문장을 3회 이상 듣고 따라 한 후, 통문장을 써 보세요. 🎧 ① ② ③

376　I **would like to** call him.　➡

저는 그에게 전화하기를 원합니다.

377　I **would like** some water.　➡

저는 물을 좀 원합니다.

378　I **would like** some juice.　➡

저는 주스를 좀 원합니다.

379　I **would like to** watch a movie.　➡

저는 영화 보기를 원합니다.

380　I **would like** some soup.　➡

저는 수프를 좀 원합니다.

문법 확인　우리말 의미에 맞게 연결하며 통문장 속 규칙을 확인하세요.

1　전 그에게 전화하고 싶어요.　·　　　·　I would like to　·　　　·　watch a movie.

2　전 주스를 좀 원해요.　·　　　·　I would like　·　　　·　call him.

3　저는 수프를 좀 원해요.　·　　　·　I would like to　·　　　·　some juice.

4　전 영화를 보고 싶어요.　·　　　·　I would like　·　　　·　some soup.

❍ I would like 뒤에는 명사나 〈to + 동사〉를 쓸 수 있어요. 〈to + 동사〉는 '~하기'라는 의미이고, to 뒤에는 동사원형이 와요.

DAY 38 통문장 암기 훈련

· ANSWERS P.226

1 우리말의 의미에 맞게 알맞은 영어 단어를 골라 대화를 완성하세요.

1 **A** 우유를 좀 원하나요?

like	Would	to	you

➡   some milk?

B 저는 주스를 좀 원해요.

would	I	to	like

➡   some juice.

2 **A** 여기서 기다리기를 원하시나요?

to	like	Would	you

➡   wait here?

B 저는 그에게 전화를 하고 싶어요.

I	to	like	would

➡   call him.

2 다음 대화를 완성하세요.

1 **A** Would you   some potatoes?   감자를 좀 원하나요?

   B I would   some soup.   저는 수프를 좀 원해요.

2 **A**   listen to music?   음악 듣기를 원하나요?

   B   watch a movie.   저는 영화를 보고 싶어요.

3 **A**   some ice cream?   아이스크림을 좀 원하나요?

   B   some water.   저는 물을 좀 원해요.

3 우리말을 영어로 쓴 것 중 틀린 부분을 찾고, 문장을 바르게 고쳐 쓰세요.

1 **A** 여기서 기다리기를 원하세요?
      Would you waits here? ➡

2 **B** 저는 물을 좀 원해요.
      I would like to some water. ➡

3 **B** 저는 영화를 보고 싶어요.
      I would like watches a movie. ➡

✎ 서술형 문제 도전 **1** would like를 이용하여 쓰기

the drink 그 음료수   buy 사다   milk 우유

my family 나의 가족   meet 만나다   your family picture 너의 가족사진

1 **A** 그 음료수를 사기 원합니까?

   B 저는 우유를 사기 원합니다.

2 **A** 저의 가족을 만나기 원하세요?

   B 저는 당신의 가족사진을 원해요.

✎ 서술형 문제 도전 **2**

1 다음 문장을 좀 더 공손한 표현으로 바꿔 쓰세요.

| I want to buy a jacket. |

➡ _____

2 틀린 곳을 찾아 번호를 쓰고, 바르게 고쳐 쓰세요.

| <u>Would</u> you <u>like</u> <u>tries</u> those <u>shoes</u>? |
| ①   ②   ③   ④ |

___ ➡ _____

179

hurt, have / 조동사 should

초등 필수 문법 〈신체 부위 + hurt〉 또는 〈have + 증상〉
- 신체 부위가 '아프다'라고 말할 때 〈신체 부위 + hurt〉를 써요.
- 아픈 부위가 복수라면 hurt를 쓰고, 단수라면 hurt에 –s를 붙여요.
- I have 뒤에는 a cold(감기), a toothache(치통)와 같은 병이나 증상 등을 넣어요.

통문장 Ⓐ 아래 문장을 3회 이상 듣고 따라 한 후, 통문장을 써 보세요. 🎧 ① ② ③

381 My arm **hurts.** ➡

저의 (한쪽) 팔이 **아픕니다.**

382 **I have** a cold. ➡

저는 감기가 **있습니다.** (감기에 걸렸습니다.)

383 **I have** a runny nose. ➡

저는 흐르는 코가 **있습니다.** (콧물감기예요.)

384 **I have** a stomachache. ➡

저는 복통이 **있어요.** (배가 아파요.)

385 My legs **hurt.** ➡

저의 (양쪽) 다리가 **아픕니다.**

문법 확인 우리말 의미에 맞게 연결하며 통문장 속 규칙을 확인하세요.

1 콧물감기에 걸렸어요. •	• My arm •	• a stomachache.
2 배가 아파요. •	• I have •	• hurt.
3 제 (양쪽) 다리가 아파요. •	• I have •	• a runny nose.
4 제 (한쪽) 팔이 아파요. •	• My legs •	• hurts.

❍ 주어가 복수(My arms)라면 hurt를 쓰고, 주어가 단수(My arm)라면 hurt에 –s를 붙여요.

초등 필수 문법 **조동사 should**

- should는 '~하는 게 좋겠다'라고 조언이나 충고를 할 때 쓰는 말이에요.
- should 뒤에는 동사를 넣어 '(동사)하는 게 좋다'라는 의미를 만들어요.
- should 뒤에 not을 붙이면 '~하지 않는 게 좋다'라는 의미가 되며, should not은 shouldn't로 줄여 쓸 수 있어요.

통문장 Ｂ　아래 문장을 3회 이상 듣고 따라 한 후, 통문장을 써 보세요. 🎧 ① ② ③

386　**You should** go and see a doctor.　➡

　　　　가서 의사를 만나는 것이 좋겠습니다.

387　**You shouldn't** go outside.　➡

　　　　밖에 나가지 않는 것이 좋겠습니다.

388　**You should** drink a lot of warm water.　➡

　　　　따뜻한 물을 많이 마시는 것이 좋겠습니다.

389　**You shouldn't** eat many sweets.　➡

　　　　단것을 많이 먹지 않는 것이 좋겠습니다.

390　**You should** get some rest.　➡

　　　　좀 쉬는 것이 좋겠습니다.

문법 확인　우리말 의미에 맞게 연결하며 통문장 속 규칙을 확인하세요.

1 좀 쉬는 게 낫겠어요.	•	• You shouldn't •	• eat many sweets.
2 단것을 많이 먹지 않는 게 좋겠어.	•	• You should •	• go outside.
3 가서 의사를 만나보는 게 좋겠어.	•	• You shouldn't •	• get some rest.
4 밖에 나가지 않는 게 낫겠어.	•	• You should •	• go and see a doctor.

⊙ should는 충고나 조언을 할 때 쓰는 말로, '~하는 게 좋겠다[낫겠다]'라는 의미예요. should 뒤에는 동사원형을 써요.

181

1 우리말의 의미에 맞게 알맞은 영어 단어를 골라 대화를 완성하세요.

1 **A** 나는 배가 아파요.

| have | a stomachache | has | I |

➡   .

B 단것을 많이 먹지 않는 게 좋겠어.

| should | shouldn't | eat | You |

➡ many sweets.

2 **A** 제 양쪽 다리가 아파요.

| legs | hurt | hurts | My |

➡

B 좀 쉬는 게 좋겠어.

| should | shouldn't | get | You |

➡ some rest.

2 다음 대화를 완성하세요.

1 **A** I   a cold.   나는 감기에 걸렸어요.

     B You   go outside.   밖에 나가지 않는 게 좋겠어요.

2 **A** My arm   저의 한쪽 팔이 아파요.

     B You   go and see a doctor.   가서 의사를 만나는 게 좋겠다.

3 **A** I   a runny nose.   나는 콧물감기가 있어요.

     B You   a lot of warm water.   따뜻한 물을 많이 마시는 게 좋겠어.

3 우리말을 영어로 쓴 것 중 틀린 부분을 찾고, 문장을 바르게 고쳐 쓰세요.

1 A 한쪽 팔이 아파요.
My arm hurt. ➡

2 B 좀 쉬는 게 좋겠어.
You should gets some rest. ➡

3 B 단것을 많이 먹지 않는 게 좋겠어요.
You should eat many sweets. ➡

✎ 서술형 문제 도전 **1** hurt, have, 조동사 should를 이용하여 쓰기

a fever 열   this medicine 이 약   take (약 등을) 복용하다, 먹다
my 나의   your 너의   back 허리, 등   bend 구부리다

1 A 저는 열이 있어요.

B 당신은 이 약을 먹는 게 좋겠어요.

2 A 내 허리가 아파.

B 네 허리를 구부리지 않는 게 좋겠어.

✎ 서술형 문제 도전 **2**

1 빈칸에 알맞은 말을 써서 대화를 완성하세요.

A: I have a toothache.
B: You _____ eat a lot of sweets.

➡ _____

2 다음 문장을 not을 이용하여 부정문으로 만드세요.

You should go out and play.

➡ _____

DAY 40

have to의 쓰임

초등 필수 문법 **have to 의문문**

- have to는 '(반드시) ~해야 한다'라는 의미를 가진 표현이에요.
- should보다 더 강력하게 '~해야 해'라고 할 때 써요.
- have to 뒤에 동사를 넣어 '반드시 (동사)해야 한다'라는 의미를 만들어요.

통문장 A 아래 문장을 3회 이상 듣고 따라 한 후, 통문장을 써 보세요. 🎧 ① ② ③

391 **Do** I **have to** buy a ticket? ➡️

제가 표를 사야 합니까?

392 **Does** she **have to** do the homework? ➡️

그녀는 숙제를 해야 합니까?

393 **Do** you **have to** stand in line? ➡️

당신은 줄을 서야 합니까?

394 **Does** he **have to** turn off the phone? ➡️

그는 전화기를 꺼야 합니까?

395 **Do** I **have to** say goodbye to her? ➡️

제가 그녀에게 작별 인사를 해야 합니까?

문법 확인 우리말 의미에 맞게 연결하며 통문장 속 규칙을 확인하세요.

1 그녀가 숙제를 해야 하나요? •	• Do •	• she have to •	• turn off the phone?
2 제가 표를 사야 하나요? •	• Does •	• I have to •	• stand in line?
3 그가 전화기를 꺼야 해? •	• Do •	• he have to •	• buy a ticket?
4 넌 줄 서야 하니? •	• Does •	• you have to •	• do the homework?

⭕ 주어가 3인칭 단수이면 Does로 질문을 시작해요.

초등 필수 문법 **have to 평서문**

- 주어가 3인칭 단수일 때는 have to가 아닌 has to를 써요.
- have[has] to 뒤에는 동사원형을 넣어 '반드시 (동사)해야 한다'라는 의미를 만들어요.

통문장 **B** 아래 문장을 3회 이상 듣고 따라 한 후, 통문장을 써 보세요. 🎧 ① ② ③

396 You **have to** buy a ticket. ➡

당신은 표를 사야 합니다.

397 She **has to** do the homework. ➡

그녀는 숙제를 해야 합니다.

398 I **have to** stand in line. ➡

저는 줄을 서야 합니다.

399 He **has to** turn off the phone. ➡

그는 전화기를 꺼야 합니다.

400 You **have to** say goodbye to her. ➡

당신은 그녀에게 작별 인사를 해야 합니다.

문법 확인 우리말 의미에 맞게 연결하며 통문장 속 규칙을 확인하세요.

1 그녀는 숙제를 해야 해. •	• I •	• has to •	• buy a ticket.
2 넌 표를 사야 해. •	• You •	• have to •	• stand in line.
3 그는 전화기를 꺼야 해. •	• She •	• has to •	• turn off the phone.
4 난 줄 서야 해. •	• He •	• have to •	• do the homework.

❍ 주어가 3인칭 단수이면 has to를 써요.

1 우리말의 의미에 맞게 알맞은 영어 단어를 골라 대화를 완성하세요.

1 A 그는 전화기를 꺼야 하나요?

| Does | have to | has to | he | Do |

➡ _____ turn off the phone?

B 그는 전화기를 꺼야 해요.

| have to | He | has to |

➡ _____ turn off the phone.

2 A 제가 표를 사야 하나요?

| Does | have to | has to | I | Do |

➡ _____ buy a ticket?

B 당신은 표를 사야 합니다.

| have to | You | has to |

➡ _____ buy a ticket.

2 다음 대화를 완성하세요.

1 A Do I _____ say goodbye to her?   내가 그녀에게 작별 인사를 해야 하나요?

B You _____ say goodbye to her.   너는 그녀에게 작별 인사를 해야 해.

2 A _____ stand in line?   너는 줄을 서야 하니?

B I _____ in line.   나는 줄을 서야 해.

3 A _____ she _____ the homework? 그녀는 숙제를 해야 하나요?

B She _____ the homework.   그녀는 숙제를 해야 해.

3 우리말을 영어로 쓴 것 중 틀린 부분을 찾고, 문장을 바르게 고쳐 쓰세요.

1 A 당신은 줄을 서야 합니까?
   Does you has to stand in line? ➡

2 B 그는 전화기를 꺼야 한다.
   He have to turn off the phone. ➡

3 A 내가 그녀에게 작별 인사를 해야 하나요?
   Have I to say goodbye to her? ➡

✎ 서술형 문제 도전 **1** have to를 이용하여 쓰기

it 그것   send 보내다   see 보다   this 이것

1 A 제가 그것을 보내야 하나요?

   B 당신은 그것을 보내야 해요.

2 A 그녀가 이것을 봐야 하나요?

   B 그녀는 이것을 봐야 해요.

✎ 서술형 문제 도전 **2**

1 빈칸에 알맞은 말을 써서 대화를 완성하세요.

A: Does she have to sing?
B: Yes. She _____ sing.

➡ _____

2 틀린 곳을 찾아 번호를 쓰고, 바르게 고쳐 쓰세요.

Mark has to closes his eyes.
   ①   ②   ③   ④

_____ _____

187

영어 단어 확인 아는 단어에 체크하고, 모르는 단어는 암기해 두세요.

☑ **WORDS**

- [ ] **fishing** 낚시
- [ ] **tomorrow** 내일
- [ ] **yesterday** 어제
- [ ] **bring** 가져오다
- [ ] **museum** 박물관
- [ ] **order** 주문하다
- [ ] **airplane** 비행기
- [ ] **wear** 입다
- [ ] **last summer** 지난여름
- [ ] **last Saturday** 지난 토요일

☑ **WORDS**

- [ ] **learn – learned** 배우다 – 배웠다
- [ ] **buy – bought** 사다 – 샀다
- [ ] **write – wrote** 쓰다 – 썼다
- [ ] **go – went** 가다 – 갔다
- [ ] **watch – watched** (지켜)보다 – 지켜봤다
- [ ] **see – saw** 보다 – 봤다
- [ ] **walk – walked** 걷다 – 걸었다
- [ ] **win – won** 이기다 – 이겼다
- [ ] **come – came** 오다 – 왔다
- [ ] **study – studied** 공부하다 – 공부했다

일반동사 과거형

[초등 필수 문법] **일반동사 과거형 의문문**
- 일반동사 의문문은 Do[Does]로 시작하여 '~합니까?'라는 의미를 만들어요.
- 과거의 일을 물을 때는 주어에 상관없이 Did로 시작하여 '~했습니까?'라고 질문해요.
- Do, Does, Did는 모두 의문문을 만드는 조동사예요. 문장에 조동사가 있으면 뒤의 동사는 원형을 써요.

통문장 **A** 아래 문장을 3회 이상 듣고 따라 한 후, 통문장을 써 보세요. 🎧 ① ② ③

401 **Did** you **see** it yesterday? ➡️

당신은 어제 그것을 **봤습니까?**

402 **Did** he **walk** to school? ➡️

그는 학교에 **걸어갔습니까?**

403 **Does** he **walk** to school? ➡️

그는 학교에 **걸어갑니까?**

404 **Did** she **come** to the party? ➡️

그녀는 파티에 **왔습니까?**

405 **Did** they **win** the game? ➡️

그들은 그 경기를 **이겼습니까?**

문법 확인 네모 안에서 알맞은 말을 고르세요.

1 너 어제 그것을 봤어? ➡️ | Do / Does / Did | you | see / saw | it yesterday?

2 그는 학교에 걸어가? ➡️ | Do / Does / Did | he | walk / walked | to school?

3 그는 학교에 걸어갔어? ➡️ | Do / Does / Did | he | walk / walked | to school?

4 그들이 경기를 이겼어? ➡️ | Do / Does / Did | they | win / won | the game?

◐ 과거의 일을 물을 때는 Did로 질문하고 뒤의 동사는 원형으로 써요.

월 일 · 듣기 순서 A ▶ B ▶ A B

(초등 필수 문법) **일반동사 과거형 평서문 (긍정, 부정)**

- 과거에 벌어진 일을 표현하기 위해서는 동사의 과거형을 써요.
- 동사의 과거형은 동사의 원형에 -ed가 붙은 형태와 동사의 형태가 원형과 다른 것들이 있어요.
- '~하지 않았다'라고 과거의 부정을 할 때는 did not[didn't]을 동사 앞에 쓰고, 뒤의 동사는 원형으로 써요.

통문장 B 아래 문장을 3회 이상 듣고 따라 한 후, 통문장을 써 보세요. 🎧 ① ② ③

406 I **saw** it yesterday. ⇒

저는 어제 그것을 **봤습니다.**

407 He **walked** to school. ⇒

그는 학교에 **걸어갔습니다.**

408 He **walks** to school. ⇒

그는 학교에 **걸어갑니다.**

409 She **didn't come** to the party. ⇒

그녀는 파티에 오지 **않았습니다.**

410 They **didn't win** the game. ⇒

그들은 그 경기를 이기지 **않았습니다.**

문법 확인 네모 안에서 알맞은 말을 고르세요.

1 나는 어제 그거 봤지. ⇒ I | see / saw | it yesterday.

2 그는 학교에 걸어다녀. ⇒ He | walk / walks / walked | to school.

3 그는 학교에 걸어갔어. ⇒ He | walk / walks / walked | to school.

4 그들은 경기를 이기지 않았어. ⇒ They | don't / doesn't / didn't | | win / won | the game.

○ see의 과거는 saw, walk의 과거는 walked, come의 과거는 came, win의 과거는 won이에요.

191

1 우리말의 의미에 맞게 알맞은 영어 단어를 골라 대화를 완성하세요.

1 **A** 그는 학교에 걸어갔니?

| Do | Did | walk | walked | he |

➡ _____ to school?

B 그는 학교에 걸어갔어.

| He | doesn't | walk | didn't | walked |

➡ _____ to school.

2 **A** 그녀는 파티에 왔니?

| Do | Did | come | came | she |

➡ _____ to the party?

B 그녀는 파티에 오지 않았어.

| She | doesn't | come | didn't | came |

➡ _____ to the party.

2 다음 대화를 완성하세요.

1 **A** _____ to school? 그는 학교에 걸어가나요?

B He _____ to school. 그는 학교에 걸어가요.

2 **A** _____ it yesterday? 너는 어제 그것을 보았니?

B I _____ it yesterday. 나는 어제 그것을 봤어.

3 **A** _____ the game? 그들이 그 경기를 이겼니?

B They _____ the game. 그들은 그 경기를 이기지 않았어.

3 우리말을 영어로 쓴 것 중 틀린 부분을 찾고, 문장을 바르게 고쳐 쓰세요.

1 **A** 그녀는 파티에 왔니?
Does she come to the party?　⟹

2 **B** 나는 어제 그것을 봤어.
I seed it yesterday.　⟹

3 **B** 그들은 그 경기를 이기지 않았어.
They didn't won the game.　⟹

✎ 서술형 문제 도전 **1** 일반동사 과거형 쓰기

yesterday 어제　　study – studied 공부하다 – 공부했다
watch – watched 보다 – 봤다

1 **A** 너 어제 공부했어?

　 B 난 어제 TV 봤어.

2 **A** 너는 어제 TV 봤니?

　 B 난 TV 보지 않았어.

✎ 서술형 문제 도전 **2**

1 빈칸에 알맞은 말을 써서 대화를 완성하세요.

A: Did Minhee call you last night?
B: No. She ＿＿＿＿＿＿ me.

⟹ ＿＿＿＿＿＿＿＿＿＿＿＿＿＿

2 틀린 곳을 찾아 번호를 쓰고, 바르게 고쳐 쓰세요.

Did Changsu does the dishes with her?
　①　　　　②　　　③　　　④

＿＿＿ ⟹ ＿＿＿＿＿＿＿＿

go의 쓰임

초등 필수 문법 **〈go + 동사-ing〉와 go to (과거 의문문)**
- 〈go + 동사-ing〉는 '~하러 가다'라는 표현이에요.
- go to 뒤에 장소를 넣으면 '(장소)에 가다'라는 표현이 돼요.
- 〈go + 동사-ing〉는 등산, 낚시, 캠핑 등의 레저 활동이나 쇼핑, 수영, 춤과 같은 취미 활동에 많이 써요.

통문장 [A] 아래 문장을 3회 이상 듣고 따라 한 후, 통문장을 써 보세요. ◖🎧 ① ② ③

411 **Did you go** fishing? ➡

당신은 낚시하러 갔나요?

412 **Did you go to** the party? ➡

당신은 파티에 갔나요?

413 **Did you go to** the museum? ➡

당신은 박물관에 갔나요?

414 **Did you go** shopping? ➡

당신은 쇼핑하러 갔나요?

415 **Did you go** camping? ➡

당신은 캠핑하러 갔나요?

문법 확인 우리말 의미에 맞게 연결하며 통문장 속 규칙을 확인하세요.

1 넌 낚시하러 갔니? •	• Did you go to •	• shopping?
2 넌 박물관에 갔니? •	• Did you go •	• the museum?
3 너는 쇼핑하러 갔어? •	• Did you go to •	• fishing?
4 너는 파티에 갔니? •	• Did you go •	• the party?

○ go 뒤에 동사-ing를 쓰면 '~하러 가다'라는 표현이에요.

[초등 필수 문법] **〈went + 동사-ing〉와 went to (과거 평서문)**

- go(가다)의 과거형은 went(갔다)예요.
- went 뒤에 〈to + 장소〉를 쓰면 '~에[로] 갔다'라는 표현이 돼요.
- went 뒤에 동사-ing를 쓰면 '~하러 갔다'라는 표현이 돼요.

통문장 B 아래 문장을 3회 이상 듣고 따라 한 후, 통문장을 써 보세요. 🎧 ① ② ③

416 **I went** fishing last Sunday. ⇒

저는 지난 일요일에 낚시**하러 갔어요.**

417 **I went to** the party last Saturday. ⇒

저는 지난 토요일에 파티에 **갔어요.**

418 **I went to** the museum yesterday. ⇒

저는 어제 박물관에 **갔어요.**

419 **I went** shopping with my mom. ⇒

저는 엄마와 함께 쇼핑**하러 갔어요.**

420 **I went** camping with my dad. ⇒

저는 아빠와 함께 캠핑**하러 갔어요.**

문법 확인 우리말 의미에 맞게 연결하며 통문장 속 규칙을 확인하세요.

1	난 지난 토요일에 파티에 갔지.	•	• I went to	• shopping	• yesterday.
2	난 어제 박물관에 갔어.	•	• I went	• fishing	• with my dad.
3	난 엄마와 쇼핑하러 갔지.	•	• I went to	• the museum	• last Saturday.
4	난 아빠와 낚시하러 갔어.	•	• I went	• the party	• with my mom.

➲ went(갔다) 뒤에 동사-ing를 쓰면 '~하러 갔다'라는 표현이 돼요.

195

1 우리말의 의미에 맞게 알맞은 영어 단어를 골라 대화를 완성하세요.

1 **A** 넌 캠핑하러 갔니?

| you | Did | camping | go | went | to |

➡ _____ ?

B 아빠와 캠핑하러 갔어.

| camping | I | to | go | went |

➡ _____ with my dad.

2 **A** 그 파티에 갔니?

| go | went | Did | you | to |

➡ _____ the party?

B 지난 토요일에 파티에 갔어.

| went | to | I | go |

➡ _____ the party last Saturday.

2 다음 대화를 완성하세요.

1 **A** _____ shopping?　　　너는 쇼핑하러 갔니?

B I went _____ with my mom.　　　나는 엄마랑 쇼핑하러 갔어.

2 **A** _____ the museum?　너는 박물관에 갔니?

B I _____ the museum yesterday.　나는 어제 박물관에 갔어.

3 **A** Did you _____ ?　　　너는 낚시하러 갔니?

B I _____ last Sunday.　　　나는 지난 일요일에 낚시하러 갔어.

3 우리말을 영어로 쓴 것 중 틀린 부분을 찾고, 문장을 바르게 고쳐 쓰세요.

1 **A** 너는 박물관에 갔니?
Do you went to the museum?　　⇒

2 **B** 난 지난 일요일에 낚시하러 갔어.
I go to fishing last Sunday.　　⇒

3 **B** 나는 지난 토요일에 파티에 갔어.
I go the party last Saturday.　　⇒

✎ 서술형 문제 도전 **1** go를 이용하여 쓰기

shop – shopping 쇼핑하다 – 쇼핑하기　　last week 지난주
the library 도서관　　yesterday 어제　　ski – skiing 스키 타다 – 스키 타기

1 **A** 너는 지난주에 쇼핑하러 갔어?

　 B 아니. 난 도서관에 갔어.　　　　No.

2 **A** 너는 어제 도서관에 갔어?

　 B 아니. 난 스키 타러 갔어.　　　　No.

✎ 서술형 문제 도전 **2**

1 빈칸에 알맞은 말을 써서 대화를 완성하세요.

A: _____ camping?
B: No, I went swimming.

➡ _____

2 틀린 곳을 찾아 번호를 쓰고, 바르게 고쳐 쓰세요.

<u>Did</u> you <u>went</u> <u>to</u> the movie <u>last night</u>?
　①　　　②　③　　　　　　④

_____　➡　_____

DAY 43 의문사 과거 의문문과 대답

초등 필수 문법 의문사 과거 의문문

- did you ~?(~했습니까)라는 질문 앞에 What(무엇), When(언제)과 같은 의문사를 넣을 수 있어요.
- 이때 주어 뒤의 동사는 원형으로 써요.

통문장 A 아래 문장을 3회 이상 듣고 따라 한 후, 통문장을 써 보세요. 🎧 ① ② ③

421 **What did you** eat? ➡
당신은 무엇을 먹었나요?

422 **When did you** eat? ➡
당신은 언제 먹었나요?

423 **What did he** see? ➡
그는 무엇을 보았나요?

424 **When did we** go there? ➡
우리가 언제 거기에 갔나요?

425 **When did she** learn French? ➡
그녀는 언제 프랑스어를 배웠나요?

문법 확인 우리말 의미에 맞게 연결하며 통문장 속 규칙을 확인하세요.

1 넌 언제 먹었어?	•	• What did •	• we go there?
2 넌 뭘 먹었어?	•	• When did •	• you eat?
3 우리가 언제 거기에 갔지? •		• What did •	• he see?
4 그는 뭘 봤어?	•	• When did •	• you eat?

◐ 일반동사의 의문문에서는 do, does, did를 주어 앞에 쓰고 주어 뒤에는 동사원형을 써요.

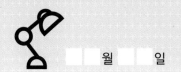

초등 필수 문법 **일반동사 과거형 평서문**

- 과거의 일은 동사의 과거형을 써서 표현해요.
- 주로 문장의 마지막 부분에 의문사(What, When)에 대한 구체적인 대답을 써요.

통문장 B 아래 문장을 3회 이상 듣고 따라 한 후, 통문장을 써 보세요. 🎧 ① ② ③

426 I **ate** some noodles. ⇒

저는 국수를 좀 먹었습니다.

427 I **ate** after school. ⇒

저는 방과 후에 먹었습니다.

428 He **saw** a baseball game. ⇒

그는 야구 경기를 봤습니다.

429 We **went** there last summer. ⇒

우리는 지난여름에 거기 갔습니다.

430 She **learned** French last year. ⇒

그녀는 작년에 프랑스어를 배웠습니다.

문법 확인 네모 안에서 알맞은 말을 고르고, 우리말 의미에 맞게 연결하며 통문장 속 규칙을 확인하세요.

1 나는 방과 후에 먹었어. ⇒ I | eat / ate | •   • a baseball game.

2 나는 국수를 좀 먹었어. ⇒ I | eat / ate | •   • after school.

3 우린 지난여름에 거기 갔지. ⇒ We | go / went | •   • there last summer.

4 그는 야구 경기를 봤어. ⇒ He | sees / saw | •   • some noodles.

● eat의 과거는 ate, see의 과거는 saw, go의 과거는 went, learn의 과거는 learned예요.

1 우리말의 의미에 맞게 알맞은 영어 단어를 골라 대화를 완성하세요.

1   **A** 그녀는 언제 프랑스어를 배웠니? | learn | learns | When | did | she |

⇨   French?

   B 그녀는 작년에 프랑스어를 배웠어. | learn | learns | learned | She |

⇨   French last year.

2   **A** 너는 무엇을 먹었니? | you | did | eat | ate | What |

⇨   ?

   B 나는 국수를 좀 먹었어. | I | eat | eated | ate |

⇨   some noodles.

2 다음 대화를 완성하세요.

1   **A** _____ he see?   그는 무엇을 봤니?

   B He _____ a baseball game.   그는 야구 경기를 봤어.

2   **A** _____ we go there?   우리는 언제 거기 갔었니?

   B We _____ there last summer.   우리는 거기 지난여름에 갔어.

3   **A** _____ you eat?   너는 언제 먹었니?

   B I _____ .   나는 방과 후에 먹었어.

3 우리말을 영어로 쓴 것 중 틀린 부분을 찾고, 문장을 바르게 고쳐 쓰세요.

1 B 우리는 지난여름에 거기 갔어.
We go there last summer. ➡

2 A 그는 무엇을 보았니?
When did he saw? ➡

3 A 그녀는 언제 프랑스어를 배웠니?
When she learns French? ➡

✎ 서술형 문제 도전 **1** 의문사 과거 의문문과 대답 쓰기

write – wrote 쓰다 - 썼다   a card 카드   it 그것   last night 어젯밤

1 A 그는 무엇을 썼나요?

B 그는 카드를 썼어요.

2 A 그는 언제 그것을 썼나요?

B 그는 그것을 어젯밤에 썼어요.

✎ 서술형 문제 도전 **2**

1 빈칸에 알맞은 말을 써서 대화를 완성하세요.

A: _____ buy it?
B: I bought it yesterday.

➡ _____

2 다음 문장을 과거에 했던 일로 바꾸어 쓰세요.

He goes to school by bus every day.

➡ _____ yesterday.

미래 조동사 will[would] 의문문과 대답

[초등 필수 문법] **will [would] 의문문**

- will은 '~할 것이다'라는 의미로 미래의 계획을 나타내요.
- Would ~는 Will ~보다 좀 더 정중하게 물을 때 사용해요.
- Would와 Will은 조동사예요. 문장에 조동사가 있으면 뒤에 있는 동사는 원형으로 써요.

통문장 A 아래 문장을 3회 이상 듣고 따라 한 후, 통문장을 써 보세요. 🎧 ① ② ③

431 **Will** you **join** the club?

➡ 당신은 그 동아리에 **가입할 겁니까?**

432 **Would** you **come** back?

➡ 당신은 **돌아오실 겁니까?**

433 **Will** she **visit** us tomorrow?

➡ 그녀가 내일 우리를 **방문할 겁니까?**

434 **Would** he **talk** about it?

➡ 그가 그것에 대해 **이야기하실까요?**

435 **Will** they **sell** it to me?

➡ 그들이 나에게 그것을 **팔까요?**

문법 확인 우리말 의미에 맞게 연결하며 통문장 속 규칙을 확인하세요.

1 그들이 그걸 내게 팔까?	•	• Will you •	• talk about it?
2 그가 그것에 대해 이야기하실까요?	•	• Would you •	• join the club?
3 당신은 돌아오실 건가요?	•	• Will they •	• sell it to me?
4 너는 그 동아리 가입할 거니?	•	• Would he •	• come back?

◑ Would ~로 하는 질문은 Will ~보다 더 정중한 표현이에요.

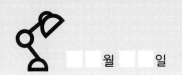

[초등 필수 문법] **will [would] 의문문에 대한 대답**

- Will로 물으면 will로 대답하고, Would로 물으면 would로 대답해요.
- will not은 줄여서 won't라고 쓰는 것에 주의하세요.
- would not은 wouldn't로 줄여서 써요.

통문장 Ⓑ 아래 문장을 3회 이상 듣고 따라 한 후, 통문장을 써 보세요. 🎧 ① ② ③

| 436 | No, I **won't.** | ⇒ |
| | | 아니요, 저는 안 그럴 겁니다. |

| 437 | Yes, I **would.** | ⇒ |
| | | 네, 저는 그럴 겁니다. |

| 438 | Yes, she **will.** | ⇒ |
| | | 네, 그녀는 그럴 겁니다. |

| 439 | No, he **wouldn't.** | ⇒ |
| | | 아니요, 그는 안 그러실 겁니다. |

| 440 | No, they **won't.** | ⇒ |
| | | 아니요, 그들은 안 그럴 겁니다. |

문법 확인 우리말 의미에 맞게 연결하며 통문장 속 규칙을 확인하세요.

1 네, 나는 그럴 겁니다. •   • Yes, •   • she will.

2 응, 그녀는 그럴 거야. •   • No, •   • he wouldn't.

3 아니, 그는 안 그러실 거야. •   • No, •   • I would.

4 아니, 그들은 안 그럴 거야. •   • Yes, •   • they won't.

◑ Will로 질문했을 때, 부정의 대답을 할 경우 will not을 줄여서 won't라고 써요.

1 우리말의 의미에 맞게 알맞은 영어 단어를 골라 대화를 완성하세요.

1 **A** 너 그 동아리에 가입할 거야? | you | Will | join | the club | Do |

➡ _____?

    B 아니, 나는 그러지 않을 거야. | I | won't | No, | will |

➡ _____.

2 **A** 그가 그것에 대해 얘기하실까요? | about it | Would | he | talk | talks |

➡ _____?

    B 아니, 그는 안 그러실 거야. | No, | would | wouldn't | he |

➡ _____.

2 다음 대화를 완성하세요.

1 **A** _____ you come back? 당신은 돌아오실 건가요?

    B Yes, I _____. 네, 저는 그럴 거예요.

2 **A** _____ it to me? 그들이 나에게 그것을 팔까?

    B No, they _____. 아니, 그들은 그렇지 않을 거야.

3 **A** _____ us tomorrow? 그녀가 내일 우리를 방문할까?

    B Yes, she _____. 응, 그녀는 그럴 거야.

3 우리말을 영어로 쓴 것 중 틀린 부분을 찾고, 문장을 바르게 고쳐 쓰세요.

1 Ⓐ 당신은 돌아오실 건가요?
  Did you come back? ⟹

2 Ⓐ 그가 그것에 대해 이야기하실까요?
  Would he talks about it? ⟹

3 Ⓐ 그녀가 내일 우리를 방문할까?
  Wills she visit us tomorrow? ⟹

✎ 서술형 문제 도전 **1** 미래 조동사 will과 would를 이용하여 쓰기

this 이것   try 한 번 해 보다   this way 이쪽으로   come 오다

1 Ⓐ 너 이거 한 번 해 볼래?

  Ⓑ 아니, 안 그럴 거야.

2 Ⓐ 이쪽으로 오시겠어요?

  Ⓑ 네, 그럴 게요.

✎ 서술형 문제 도전 **2**

1 빈칸에 알맞은 말을 써서 대화를 완성하세요.

A: Will your dad come?
B: No, _____.

⟹ _____

2 틀린 곳을 찾아 번호를 쓰고, 바르게 고쳐 쓰세요.

Would he brings some milk for us?
  ①   ②   ③   ④

_____ ⟹ _____

DAY 45

will 의문사 의문문과 대답

초등 필수 문법 **의문사 + 조동사 will 의문문**

- Will ~?로 하는 질문 앞에 When(언제), Where(어디서), What(무엇)과 같은 의문사를 넣을 수 있어요.
- 〈의문사 + will〉로 시작하는 질문은 미래 '언제, 어디서, 무엇을' 할 건지를 물어요.

통문장 Ⓐ 아래 문장을 3회 이상 듣고 따라 한 후, 통문장을 써 보세요. ① ② ③

441 **When will** you **order**?

➡ 당신은 언제 주문할 겁니까?

442 **Where will** you **stay**?

➡ 당신은 어디에 묵을 겁니까?

443 **When will** she **leave**?

➡ 그녀가 언제 떠날 겁니까?

444 **Where will** we **meet**?

➡ 우리는 어디서 만날 겁니까?

445 **When will** they **talk** about it?

➡ 그들은 언제 그것에 대해 이야기할까요?

문법 확인 우리말 의미에 맞게 연결하며 통문장 속 규칙을 확인하세요.

1 너는 언제 주문할 거니? •	• Where will •	• we meet?
2 그녀는 언제 떠날 거야? •	• When will •	• she leave?
3 우리는 어디서 만날 거니? •	• Where will •	• you stay?
4 너는 어디에 묵을 거야? •	• When will •	• you order?

◑ When(언제), Where(어디서) 이외에도 What(무엇), Who(누구), How(어떻게) 등을 넣어 구체적인 정보를 물을 수 있어요.

[초등 필수 문법] **일반동사 미래**
- 조동사 will 뒤에는 동사원형을 써요. 〈will + 동사원형〉은 '(동사)할 것이다'라는 의미가 돼요.
- When에 대한 대답은 now(지금), later(나중에) 이외에도 〈시간 전치사 + 명사〉의 형태로 넣을 수 있어요.
- Where에 대한 대답은 here(여기서), there(저기서) 이외에도 〈장소 전치사 + 명사〉의 형태로 넣을 수 있어요.

통문장 **B** 아래 문장을 3회 이상 듣고 따라 한 후, 통문장을 써 보세요. 🎧 ① ② ③

446 I **will order** later. ➡
저는 나중에 주문할 겁니다.

447 I **will stay** in Jay's house. ➡
저는 제이의 집에 묵을 겁니다.

448 She **will leave** at 10. ➡
그녀는 10시에 떠날 겁니다.

449 We **will meet** here. ➡
우리는 여기서 만날 겁니다.

450 They **will talk** about it now. ➡
그들은 지금 그것에 대해 이야기할 겁니다.

문법 확인 우리말 의미에 맞게 연결하며 통문장 속 규칙을 확인하세요.

1 난 나중에 주문할게.　•　　•　I will　•　　•　leave at 10.

2 그녀는 10시에 떠날 거야.　•　　•　We will　•　　•　meet here.

3 우린 여기서 만날 거야.　•　　•　I will　•　　•　order later.

4 나는 제이네 집에서 묵을 거야.　•　　•　She will　•　　•　stay in Jay's house.

❖ 의문사가 묻고 있는 것에 맞게 시간 또는 장소 등을 말해요.

1 우리말의 의미에 맞게 알맞은 영어 단어를 골라 대화를 완성하세요.

1 **A** 그녀는 언제 떠날 거야?

Where	will	When	she

➡   leave?

B 그녀는 10시에 떠날 거야.

She	leave	leaves	will

➡   at 10.

2 **A** 너는 어디에 머물 거니?

Where	will	When	you

➡   stay?

B 나는 제이네 집에 묵을 거야.

I	stay	stays	will

➡   in Jay's house.

2 다음 대화를 완성하세요.

1 **A**   we meet?   우리는 어디에서 만날까?

   B We   here.   우리는 여기서 만날 거야.

2 **A**   they talk about it?   그들은 언제 그것에 대해 얘기할 거니?

   B They   about it now.   그들은 지금 그것에 대해 얘기할 거야.

3 **A**   you order?   당신은 언제 주문할 겁니까?

   B I   later.   저는 나중에 주문할 게요.

3 우리말을 영어로 쓴 것 중 틀린 부분을 찾고, 문장을 바르게 고쳐 쓰세요.

1 **A** 넌 어디에서 머물 거니?
What you will stay? ➡

2 **B** 그녀는 10시에 떠날 거야.
She will leaves at 10. ➡

3 **A** 당신은 언제 주문할 겁니까?
Where you will order? ➡

✎ 서술형 문제 도전 **1** will 의문사 의문문과 대답 쓰기

the airplane 비행기   take 타다   tomorrow 내일
go 가다   to the zoo 동물원으로

1 **A** 우리 언제 비행기를 탈 거야?

B 우린 내일 비행기를 탈 거야.

2 **A** 그들은 내일 어디에 갈 거야?

B 그들은 동물원으로 갈 거야.

✎ 서술형 문제 도전 **2**

1 괄호 안에 단어를 알맞게 배열하여 쓰세요.

Sujin (meet, will, me) tomorrow.

➡ _____

2 다음 문장을 미래의 계획을 묻는 질문으로 고쳐 쓰세요.

Where do they go next week?

➡ _____

DAY 46 be going to의 쓰임

- be going to는 '~할 예정이다'라는 의미로 미래의 예정된 일정을 나타내는 표현이에요.
- be는 주어에 따라 am, are, is 중 선택하고, going to 뒤에 동사원형을 써요.
- 의문문의 어순에 따라 〈의문사 + be동사 + 주어 + going to + 동사원형〉의 순서로 써요.

통문장 Ⓐ 아래 문장을 3회 이상 듣고 따라 한 후, 통문장을 써 보세요. 🎧 ① ② ③

451 **What are** you **going to** learn?
➡ 당신은 무엇을 배울 예정입니까?

452 **What is** she **going to** do?
➡ 그녀는 무엇을 할 예정입니까?

453 **What are** we **going to** see?
➡ 우리는 무엇을 볼 예정입니까?

454 **What is** he **going to** wear?
➡ 그는 무엇을 입을 예정입니까?

455 **What are** they **going to** build?
➡ 그들은 무엇을 지을 예정입니까?

문법 확인 우리말 의미에 맞게 연결하며 통문장 속 규칙을 확인하세요.

1 넌 뭘 배울 예정이야? •	• What is •	• she going •	• to see?
2 그는 뭘 입을 예정이야? •	• What are •	• we going •	• to learn?
3 그녀는 뭘 할 예정이지? •	• What is •	• he going •	• to do?
4 우리가 뭘 볼 예정이지? •	• What are •	• you going •	• to wear?

○ be going to에서 be는 주어에 맞춰요. 그리고 going to 뒤에는 동사원형을 써요.

초등 필수 문법　**be going to 평서문**
- be going to는 '~할 예정이다'라는 의미이고, be는 주어에 따라 am, are, is 중 선택해요.
- to 뒤에는 동사원형을 넣어 〈be going to + 동사원형〉의 형태로 써요.

통문장 Ⓑ　아래 문장을 3회 이상 듣고 따라 한 후, 통문장을 써 보세요. 🎧 ① ② ③

456　I **am going to** learn Chinese.　➡

저는 중국어를 배울 예정입니다.

457　She **is going to** rest.　➡

그녀는 쉴 예정입니다.

458　We **are going to** see a play.　➡

우리는 연극을 볼 예정입니다.

459　He **is going to** wear uniform.　➡

그는 교복을 입을 예정입니다.

460　They **are going to** build a doghouse.　➡

그들은 개집을 지을 예정입니다.

문법 확인　우리말 의미에 맞게 연결하며 통문장 속 규칙을 확인하세요.

1　난 중국어를 배울 예정이야.　•　　•　She　•　　•　are going　•　　•　to wear uniform.

2　그는 교복을 입을 예정이야.　•　　•　We　•　　•　is going　•　　•　to learn Chinese.

3　그녀는 쉴 예정이지.　•　　•　I　•　　•　am going　•　　•　to see a play.

4　우린 연극을 볼 예정이야.　•　　•　He　•　　•　is going　•　　•　to rest.

◐ be동사는 주어가 I(나는)이면 am, You(당신은)이면 are, 그 외에는 단수이면 is, 복수이면 are로 써요.

1 우리말의 의미에 맞게 알맞은 영어 단어를 골라 대화를 완성하세요.

1 **A** 우리는 무엇을 볼 예정이지?

| to | is | we | are | going |

➡ What   see?

B 우리는 연극을 볼 예정이야.

| going | is | to | see | are |

➡ We   a play.

2 **A** 그는 뭘 입을 예정이니?

| going | are | is | he | to |

➡ What   wear?

B 그는 교복을 입을 예정이야.

| to | is | wear | are | going |

➡ He   uniform.

2 다음 대화를 완성하세요.

1 **A** What   you going to learn?   넌 무엇을 배울 예정이니?

B   learn Chinese.   나는 중국어를 배울 예정이야.

2 **A** What   do?   그녀는 뭘 할 예정이니?

B She   rest.   그녀는 쉴 예정이야.

3 **A** What   build?   그들은 무엇을 지을 예정이니?

B They are going   a doghouse.   그들은 개집을 지을 예정이야.

3 우리말을 영어로 쓴 것 중 틀린 부분을 찾고, 문장을 바르게 고쳐 쓰세요.

1 A 그는 무엇을 입을 예정이니?
What are he going wear?

2 B 그들은 개집을 지을 예정이야.
They go building a doghouse.

3 B 그녀는 쉴 예정이다.
She is resting.

✎ 서술형 문제 도전 **1** be going to를 이용하여 쓰기

the museum 박물관   visit 방문하다   wear 입다   a dress 드레스

1 A 그들은 무엇을 할 예정입니까?

B 그들은 박물관을 방문할 예정이에요.

2 A 그녀는 무엇을 입을 예정이죠?

B 그녀는 드레스를 입을 예정이에요.

✎ 서술형 문제 도전 **2**

1 주어진 단어를 이용하여 대화를 완성하세요.

A: What is your plan for this vacation?
B: I _____ home. (stay, going)

➡ _____

2 틀린 곳을 찾아 번호를 쓰고, 바르게 고쳐 쓰세요.

What is she going learn next?
　①　②　　　　③　　④

_____ ➡ _____

213

Based on a Real Class

영문법은 통문장

쓸 수 있을 때까지

ANSWERS

01 what 의문문 / be동사 현재형

본문 p.16~17

통문장 암기 훈련 1

1. A What is that?

   B It is my umbrella.

2. A What are these?

   B They are clocks.

통문장 암기 훈련 2

1. A What is your name?

   B It is Jisung.

2. A What is your plan?

   B It is a picnic.

3. A What are the colors?

   B They are blue and yellow.

통문장 암기 훈련 3

1. What is your plan?

2. They are clocks.

3. What are these?

서술형 문제 도전 1

1. A What is this?

   B It is my blanket.

2. A What are the animals?

   B They are snakes.

서술형 문제 도전 2

1. What is this?

   해석 A: 이것은 무엇입니까?

   　　 B: 그것은 나의 장난감이에요.

2. ④ ➡ They are our bikes.

   해석 그것들은 우리의 자전거들이에요.

02 who 의문문 / be동사 현재형

본문 p.20~21

통문장 암기 훈련 1

1. A Who are these?

   B They are my uncles.

2. A Who is Minsuk?

   B He is my cousin.

통문장 암기 훈련 2

1. A Who is your teacher?

   B She is Ms. Jones.

2. A Who are your friends?

   B They are Jisung and Sujin.

3. A Who are you?

   B I am a nurse.

통문장 암기 훈련 3

1. Who is your teacher?

2. I am a nurse.

3. Who are your friends?

서술형 문제 도전 1

1. A Who are the members?

   B They are dancers.

2. A Who is your uncle?

   B He is the designer.

서술형 문제 도전 2

1. Who is Jinhee?

   해석 A: 진희가 누구입니까?

   　　 B: 그녀는 내 여동생이에요.

2. ④ ➡ They are my cousins.

   해석 그들은 나의 사촌들입니다.

03 지시 대명사

본문 p.24~25

통문장 암기 훈련 1

1. A This is my photo.

   B That is my bag.

2. A These are my socks.

   B Those are my books.

통문장 암기 훈련 2

1. A This is my bike.

   B Those are my classmates.

2. A These are my parents.

   B That is my grandma.

3. A This is my friend, Jisung.

   B Those are my pets.

통문장 암기 훈련 3

1. These are my socks.

2. That is my bag.

3. Those are my pets.

서술형 문제 도전 1

1. A That is a guide.

   B These are visitors.

2. A This is my spoon.

   B Those are your forks.

서술형 문제 도전 2

1. Those are your gloves.

2. ④ ➡ This is your room.

   해석 이것은 당신의 방입니다.

04 be동사 의문문과 대답

본문 p.28~29

통문장 암기 훈련 1

1. A Are your parents busy?

   B Yes, they are.

2. A Is your sister cute?

   B No, she isn't.

통문장 암기 훈련 2

1. A Are the boxes heavy?

   B No, they aren't.

2. A Is the room clean?

   B Yes, it is.

3. A Is Minho tall?

   B Yes, he is.

통문장 암기 훈련 3

1. Are your parents busy?

2. Is Minho tall?

3. Yes, they are.

서술형 문제 도전 1

1. A Are giraffes short?

   B No, they aren't.

2. A Is the girl weak?

B Yes, she is.

서술형 문제 도전 **2**

1. <u>Is she</u> busy?

해석 A: 그녀는 바쁜가요?

B: 아니요, 그녀는 그렇지 않아요.

2. ① ➡ <u>Is your grandma healthy?</u>

해석 너네 할머니는 건강하시니?

05 〈what + 명사〉 의문문과 대답
본문 p.32~33

통문장 암기 훈련 **1**

1. **A** What color is the flower?

B It is pink.

2. **A** What size are the shoes?

B They are 130 mm.

통문장 암기 훈련 **2**

1. **A** <u>What time</u> is it?

B <u>It is</u> 3 o'clock.

2. **A** <u>What shape</u> are they?

B <u>They are</u> triangles.

3. **A** <u>What day</u> is it?

B <u>It is</u> Monday.

통문장 암기 훈련 **3**

1. What shape are they?

2. It is Monday.

3. What day is it?

서술형 문제 도전 **1**

1. **A** What size is the shirt?

B It is medium.

2. **A** What color are the pants?

B They are brown.

서술형 문제 도전 **2**

1. <u>What color</u> are they?

해석 A: 그것들은 무슨 색인가요?

B: 그것들은 노란색과 녹색이에요.

2. ① ➡ <u>It</u> is Sunday today.

해석 오늘은 일요일이다.

06 how 의문문 / 형용사
본문 p.38~39

통문장 암기 훈련 **1**

1. **A** How is the weather?

B It is sunny.

2. **A** How are your parents?

B They are great.

통문장 암기 훈련 **2**

1. **A** <u>How are</u> you?

B <u>I am</u> fine.

2. **A** <u>How is</u> the food?

B <u>It is</u> spicy.

3. **A** <u>How are</u> your pets?

B <u>They are</u> sick.

통문장 암기 훈련 **3**

1. How are your pets?

2. How is the weather?

3. How is the food?

서술형 문제 도전 **1**

1. **A** How are the paintings?

B They are great.

2. **A** How is the music?

B It is exciting.

서술형 문제 도전 **2**

1. <u>How is</u> your grandpa?

해석 A: 너희 할아버지는 어떠시니?

B: 그분은 아주 좋으셔.

2. ② ➡ How <u>is</u> my plan for the weekend?

해석 주말을 위한 나의 계획이 어떤가요?

07 〈how + 형용사〉 의문문과 대답
본문 p.42~43

통문장 암기 훈련 **1**

1. **A** How long are the trains?

B They are 100 m long.

---

2. **A** How tall is your brother?

B He is 150 cm tall.

통문장 암기 훈련 **2**

1. **A** <u>How old</u> are you?

B I am <u>11 years old.</u>

2. **A** <u>How far</u> is the school?

B It is <u>10 minutes far.</u>

3. **A** <u>How late</u> are we?

B We are <u>30 minutes late.</u>

통문장 암기 훈련 **3**

1. How late are we?

2. He is 150 cm tall.

3. How long are the trains?

서술형 문제 도전 **1**

1. **A** How long is your ruler?

B It is 30 cm long.

2. **A** How far is the zoo?

B It is 20 minutes far.

서술형 문제 도전 **2**

1. I am 11 years old.

해석 A: 너는 몇 살이니?

B: 나는 11살이야.

2. ① ➡ <u>How</u> long is the river?

해석 이 강은 얼마나 긴가요?

08 〈whose + 명사〉 의문문 / 소유격
본문 p.46~47

통문장 암기 훈련 **1**

1. **A** Whose room is this?

B It is my mom's room.

2. **A** Whose umbrella is that?

B It is Mr. Brown's umbrella.

통문장 암기 훈련 **2**

1. **A** <u>Whose</u> pencils <u>are those</u>?

B They are <u>Jinho's pencils.</u>

2. **A** <u>Whose</u> books <u>are these</u>?

B They are your books.

3. **A** Whose bag is it?

   B It is my bag.

통문장 암기 훈련 ③

1. They are your books.

2. Whose umbrella is that?

3. They are Jinho's pencils.

서술형 문제 도전 ①

1. **A** Whose gloves are these?

   B They arc my friend's gloves.

2. **A** Whose house is it?

   B It is my aunt's house.

서술형 문제 도전 ②

1. Whose apples are these?

   해석 A: 이것들은 누구의 사과들인가요?

   B: 그것들은 나의 사과예요.

2. ③ ➡ They are my classmates.

   해석 그들은 나의 반 친구들입니다.

09 favorite의 쓰임
본문 p.50~51

통문장 암기 훈련 ①

1. **A** What is your favorite movie?

   B My favorite is "The Avengers".

2. **A** Who is your favorite singer?

   B My favorite singer is Psy.

통문장 암기 훈련 ②

1. **A** What is your favorite color?

   B My favorite is green.

2. **A** Who is your favorite teacher?

   B My favorite teacher is Ms. Lane.

3. **A** What is your favorite food?

   B My favorite is pizza.

통문장 암기 훈련 ③

1. Who is your favorite singer?

2. My favorite is green.

---

3. What is your favorite movie?

서술형 문제 도전 ①

1. **A** Who is your favorite scientist?

   B My favorite (scientist) is Edison.

2. **A** What is your favorite subject?

   B My favorite (subject) is history.

서술형 문제 도전 ②

1. Who is your favorite person?

   해석 A: 네가 가장 좋아하는 사람은 누구니?

   B: 내가 가장 좋아하는 건 나의 할아버지야.

2. ① ➡ What is your favorite game?

   해석 당신이 가장 좋아하는 게임은 무엇입니까?

10 where 의문문 / 장소 전치사
본문 p.54~55

통문장 암기 훈련 ①

1. **A** Where is Suji?

   B She is at school.

2. **A** Where is the post office?

   B It is on Main Street.

통문장 암기 훈련 ②

1. **A** Where are they?

   B They are in the classroom.

2. **A** Where are the toys?

   B They are in the box.

3. **A** Where is my pen?

   B It is on the desk.

통문장 암기 훈련 ③

1. Where are the toys?

2. They are in the box.

3. Where is the post office?

서술형 문제 도전 ①

1. **A** Where are towels?

   B They are in the bathroom.

2. **A** Where is the bookstore?

   B It is on the second floor.

서술형 문제 도전 ②

1. Where are my socks?

   해석 A: 내 양말들이 어디 있나요?

   B: 그것들은 서랍 안에 있어요.

2. ③ ➡ The students are in the classroom.

   해석 그 학생들은 교실에 있다.

11 전치사 from의 쓰임
본문 p.60~61

통문장 암기 훈련 ①

1. **A** Where is Mr. Ford from?

   B He is from England.

2. **A** Where is that sound from?

   B It is from the living room.

통문장 암기 훈련 ②

1. **A** Where are they from?

   B They are from Brazil.

2. **A** Where are you from?

   B I am from Busan.

3. **A** Where is this smell from?

   B It is from the kitchen.

통문장 암기 훈련 ③

1. Where are you from?

2. They are from Brazil.

3. Where is this smell from?

서술형 문제 도전 ①

1. **A** Where is the smoke from?

   B It is from that candle.

2. **A** Where are the models from?

   B They are from Russia.

서술형 문제 도전 ②

1. Where is she from?

   She is from Jeju Island.

   해석 A: 그녀는 어디 출신인가요?

   B: 그녀는 제주도 출신이에요.

2. ② ➡ My best friend is from the U.S.A.

   해석 나의 가장 친한 친구는 미국에서 왔습니다.

12 위치 전치사 / There is[are] ~

본문 p.64~65

통문장 암기 훈련 [1]

1. **A** What is on the desk?

   B There is a book on the desk.

2. **A** What is in the box?

   B There is a camera in the box.

통문장 암기 훈련 [2]

1. **A** What are on the list?

   B There are names on the list.

2. **A** What is under the table?

   B There is a puppy under the table.

3. **A** What are behind the bag?

   B There are keys behind the bag.

통문장 암기 훈련 [3]

1. What is in the box?

2. There is a puppy under the table.

3. What are behind the bag?

서술형 문제 도전 [1]

1. **A** What is on the chair?

   B There is a doll on the chair.

2. **A** What are under the book?

   B There are notebooks under the book.

서술형 문제 도전 [2]

1. What is in the vase?

   해석 A: 그 꽃병 안에는 뭐가 있나요?

   　　 B: 그 꽃병 안에는 꽃이 한 송이 있어요.

2. ② ➡ There is a bottle on your desk.

   해석 당신의 책상 위에 병 하나가 있어요.

13 There is[are] ~ 의문문과 대답

본문 p.68~69

통문장 암기 훈련 [1]

1. **A** Is there a book on the desk?

   B Yes, there is.

2. **A** Are there names on the list?

   B No, there aren't.

통문장 암기 훈련 [2]

1. **A** Is there a camera in the box?

   B No, there isn't.

2. **A** Are there keys behind the bag?

   B Yes, there are.

3. **A** Is there a puppy under the table?

   B No, there isn't.

통문장 암기 훈련 [3]

1. Is there a book on the desk?

2. Are there names on the list?

3. Are there keys behind the bag?

서술형 문제 도전 [1]

1. **A** Is there a bridge around this lake?

   B No, there isn't.

2. **A** Are there chopsticks in the drawer?

   B Yes, there are.

서술형 문제 도전 [2]

1. No, there aren't.

   해석 A: 그 동물원에 원숭이들이 있나요?

   　　 B: 아니요, 없어요.

2. ① ➡ Is there a bed in your room?

   해석 네 방에는 침대가 있니?

14 명령문

본문 p.72~73

통문장 암기 훈련 [1]

1. **A** Be careful.

   B Don't be afraid please.

2. **A** Close the door.

   B Don't leave the room please.

통문장 암기 훈련 [2]

1. **A** Open the window please.

   B Don't close it please.

2. **A** Be quiet please.

   B Don't be silly.

3. **A** Stand up please.

   B Don't run around.

통문장 암기 훈련 [3]

1. Don't run around.

2. Don't be silly.

3. Don't leave the room please.

서술형 문제 도전 [1]

1. **A** Be careful.

   B Watch your step.

2. **A** Turn off your phone please.

   B Don't use your phone please.

서술형 문제 도전 [2]

1. Please don't be late.

   해석 A: 제발 늦지 말아 주세요.

   　　 B: 걱정하지 마세요.

2. ① ➡ Don't touch the dish. It's hot.

   해석 그 접시를 만지지 마. 뜨거워.

15 조동사 can의 쓰임

본문 p.76~77

통문장 암기 훈련 [1]

1. **A** Can you cook?

   B I can't cook.

2. **A** Can I take a picture?

   B You can't take a picture.

통문장 암기 훈련 [2]

1. **A** Can you help me?

   B I can't help you.

2. **A** Can I sit here?

   B You can sit here.

3. **A** Can you play the piano?

   B I can play the piano.

통문장 암기 훈련 [3]

1. Can you play the piano?

2. I can't help you.

3. Can I take a picture?

서술형 문제 도전 [1]

1. **A** Can I ask a question?

B You can ask a question.

2. **A** Can you move this box?

B I can't move this box.

서술형 문제 도전 2

1. Can I ride a bike?

해석 A: 내가 자전거를 탈 수 있나요?

　　B: 응, 그래.

2. ① ➡ I can't go to the party with you.

해석 나는 너와 함께 파티에 갈 수 없어.

16 조동사 may의 쓰임
본문 p.82~83

통문장 암기 훈련 1

1. **A** May I see your ticket?

B Of course, you may see my ticket.

2. **A** Can I have it?

B No, you can't have it.

통문장 암기 훈련 2

1. **A** May I have it?

B Sorry, you may not have it.

2. **A** Can I talk to you?

B Yes, you can talk to me.

3. **A** May I talk to you?

B Yes, you may talk to me.

통문장 암기 훈련 3

1. Yes, you may talk to me.
2. Can I have it?
3. May I see your ticket?

서술형 문제 도전 1

1. **A** May [Can] I taste the soup?

B Yes, you may [can] taste the soup.

2. **A** May [Can] I lock the door?

B No, you may not [can't] lock the door.

서술형 문제 도전 2

1. May I use this?

해석 A: 내가 이것을 사용해도 되나요?

B: 물론, 너는 그것을 사용해도 돼.

2. ② ➡ You may not leave the classroom.

해석 나는 교실을 떠나면 안 된다.

17 청유문과 대답
본문 p.86~87

통문장 암기 훈련 1

1. **A** Let's go to the park.

B That sounds interesting.

2. **A** Let's not buy it.

B That is a great idea.

통문장 암기 훈련 2

1. **A** Let's be careful.

B That sounds silly.

2. **A** Let's not be late.

B That is an interesting idea.

3. **A** Let's study in the library.

B That is a bad idea.

통문장 암기 훈련 3

1. That is a bad idea.
2. Let's not buy it.
3. Let's not be late.

서술형 문제 도전 1

1. **A** Let's be quiet.

B Let's not be loud.

2. **A** Let's swim in the river.

B That is an excellent idea.

서술형 문제 도전 2

1. That sounds great.

해석 A: 함께 숙제를 하자.

　　B: 그거 훌륭하게 들리네.

2. ② ➡ Let's not buy a ball at the store.

해석 그 가게에서 공을 사지 말자.

18 일반동사 의문문과 대답
본문 p.90~91

통문장 암기 훈련 1

---

1. **A** Does she exercise?

B Yes, she does.

2. **A** Does Minwoo know you?

B No, he doesn't.

통문장 암기 훈련 2

1. **A** Do your parents work?

B Yes, they do.

2. **A** Do you get up early?

B No, I don't.

3. **A** Do they play basketball?

B No, they don't.

통문장 암기 훈련 3

1. Do they play basketball?
2. Does she exercise?
3. Does Minwoo know you?

서술형 문제 도전 1

1. **A** Do your friends like carrots?

B No, they don't.

2. **A** Does your dad work in the company?

B Yes, he does.

서술형 문제 도전 2

1. Do they live in Seoul?

해석 A: 그들은 서울에서 사나요?

　　B: 아니요, 그렇지 않아요.

2. ① ➡ Do Sally and Peter like reading?

해석 샐리와 피터는 독서를 좋아하나요?

19 일반동사 현재형
본문 p.94~95

통문장 암기 훈련 1

1. **A** You eat a lot.

B I don't eat at night.

2. **A** She runs in the morning.

B She doesn't run for a long time.

통문장 암기 훈련 2

1. **A** He goes to school early.

B He doesn't have breakfast.

2. A My mom has a car.

B My mom doesn't drive.

3. A I have two sisters.

B I don't have a sister.

통문장 암기 훈련 ③

1. She doesn't run for a long time.

2. My mom has a car.

3. My mom doesn't drive.

서술형 문제 도전 ①

1. A They speak English.

B They don't speak Chinese.

2. A She remembers them.

B She doesn't remember their names.

서술형 문제 도전 ②

1. No. He doesn't wear glasses.

해석 A: 진수는 안경을 써, 맞지?

B: 아니. 그는 안경을 쓰지 않아.

2. ② ➡ The girl goes to bed early.

해석 그 소녀는 일찍 잠자리에 듭니다.

20 how 의문문과 대답

본문 p.98~99

통문장 암기 훈련 ①

1. A How do you come to school?

B I walk to school.

2. A How does she go to work?

B She takes a bus to work.

통문장 암기 훈련 ②

1. A How do they get here?

B They get here by subway.

2. A How does he get to the market?

B He gets there by bus.

3. A How do you go [get] there?

B I take a taxi there.

통문장 암기 훈련 ③

1. How does he get to the market?

2. How does she go to work?

3. He gets there by bus.

서술형 문제 도전 ①

1. A How do they come to this hospital?

B They come here by car.

2. A How does she go to the post office?

B She goes there by bike.

서술형 문제 도전 ②

1. I go to school by bus.

해석 A: 너는 학교에 어떻게 가니?

B: 나는 버스로 학교에 가.

2. ③ ➡ How does she get there?

해석 그녀는 거기에 어떻게 도착합니까?

21 where 의문문과 대답

본문 p.104~105

통문장 암기 훈련 ①

1. A Where do they meet?

B They meet on the bridge.

2. A Where does he stay?

B He stays at a hotel.

통문장 암기 훈련 ②

1. A Where does she work?

B She works at the mall.

2. A Where do you live?

B I live in Incheon.

3. A Where do you sleep?

B I sleep on the floor.

통문장 암기 훈련 ③

1. Where does he stay?

2. Where does she work?

3. They meet on the bridge.

서술형 문제 도전 ①

1. A Where does she buy fish?

B She buys it at a fish shop.

2. A Where does your friend live?

B He lives behind the hospital.

서술형 문제 도전 ②

1. Where do you do your homework?

해석 A: 너는 너의 숙제를 어디에서 하니?

B: 나는 거실에서 그것을 해.

2. ④ ➡ Sam and I study together in the room.

해석 샘과 나는 방에서 함께 공부한다.

22 look의 쓰임

본문 p.108~109

통문장 암기 훈련 ①

1. A They look happy.

B They look like winners.

2. A Jane looks sick.

B Your sister looks like a patient.

통문장 암기 훈련 ②

1. A People look busy.

B They look like a machine.

2. A Sam looks healthy.

B He looks like an athlete.

3. A She looks pretty.

B She looks like a model.

통문장 암기 훈련 ③

1. Sam looks healthy.

2. People look busy.

3. He looks like an athlete.

서술형 문제 도전 ①

1. A That animals look fat.

B They look like pigs.

2. A This building looks great.

B It looks like a hotel.

서술형 문제 도전 ②

1. Right. He looks like a movie star.

해석 A: 그는 잘생겨 보여.

B: 맞아. 그는 영화배우처럼 보여.

2. ② ➡ The young girl looks wise.

해석 그 어린 소녀는 지혜로워 보인다.

23 like + 동명사
본문 p.112~113

통문장 암기 훈련 ①

1. A Does she like cooking?

  B She doesn't like cooking.

2. A Does he like running?

  B He likes running.

통문장 암기 훈련 ②

1. A Do they like writing?

  B They don't like writing.

2. A Do you like camping?

  B I like camping.

3. A Does Sumi like dancing?

  B Sumi doesn't like dancing.

통문장 암기 훈련 ③

1. Does she like cooking?

2. They don't like writing.

3. He likes running.

서술형 문제 도전 ①

1. A Do you like living in Seoul?

  B I like living in London.

2. A Does he like climbing the mountain?

  B He doesn't like climbing the mountain.

서술형 문제 도전 ②

1. No. She doesn't like singing.

해석 A: 그녀는 노래 부르는 것을 좋아하니?

  B: 아니. 그녀는 노래 부르는 것을 좋아하지 않아.

2. ③ ➡ The student likes solving problems.

해석 그 학생은 문제를 푸는 것을 좋아한다.

24 순서를 나타내는 서수
본문 p.116~117

통문장 암기 훈련 ①

1. A What grade is your sister in?

  B She is in the third grade.

2. A What grade are your brothers in?

  B They are in the sixth grade.

통문장 암기 훈련 ②

1. A What grade is your cousin in?

  B He is in the fifth grade.

2. A What grade are they in?

  B They are in the fourth grade.

3. A What grade are you in?

  B I am in the second grade.

통문장 암기 훈련 ③

1. What grade is your cousin in?

2. She is in the third grade.

3. He is in the fifth grade.

서술형 문제 도전 ①

1. A What grade is your sister in?

  B She is in the fourth grade.

2. A What grade is Mike in?

  B He is in the first grade.

서술형 문제 도전 ②

1. I'm in the fifth grade.

해석 A: 너는 몇 학년이니?

  B: 나는 5학년이야.

2. ④ ➡ My cousin is in the sixth grade.

해석 내 사촌은 6학년이다.

25 be good[poor] at
본문 p.120~121

통문장 암기 훈련 ①

1. A Is Minsu good at English?

  B He is poor[not good] at English.

2. A Are you good at computers?

  B I am poor[not good] at computers.

통문장 암기 훈련 ②

1. A Are they good at soccer?

  B They are poor[not good] at soccer.

2. A Is she good at science?

  B She is poor[not good] at science.

3. A Are you good at math?

  B I am poor[not good] at math.

통문장 암기 훈련 ③

1. Are they good at soccer?

2. He is poor[not good] at English.

3. Are you good at math?

서술형 문제 도전 ①

1. A Is she good at the guitar?

  B She is poor[not good] at the guitar.

2. A Is your brother good at tennis?

  B He is poor[not good] at tennis.

서술형 문제 도전 ②

1. Right. He's really good at it.

해석 A: 와! 지미는 바이올린을 아주 잘 켜네!

  B: 맞아. 그는 그것을 정말 잘해.

2. ③ ➡ Are Jim and you good at Korean chess?

해석 짐과 너는 장기를 잘하니?

26 why 의문문과 대답
본문 p.126~127

통문장 암기 훈련 ①

1. A Why are they at school?

  B Because of the festival.

2. A Why is she angry?

  B Because we are late.

통문장 암기 훈련 ②

1. A Why is he your partner?

  B Because he is good at math.

2. A Why are you tired?

  B Because of the homework.

3. A Why is he upset?

  B Because his brother is sick.

통문장 암기 훈련 ③

1. Why are you tired?

2. Because he is good at math.

3. Why are they at school?

1. **A** Why are you busy?

   B Because of the homework.

2. **A** Why is she on the bed?

   B Because she is tired.

1. Because his dog is sick.

   해석 A: 그는 왜 슬픈가요?

   B: 그의 개가 아프기 때문이에요.

2. ② ➡ Why are Tom and his friend happy?

   해석 톰과 그의 친구는 왜 행복한가요?

27 전치사 about의 쓰임
본문 p.130~131

1. **A** What was the news about?

   B It was about the weather.

2. **A** What is the book about?

   B It is about dinosaurs.

1. **A** What was the meeting about?

   B It was about the speech contest.

2. **A** What is the story about?

   B It is about a boy in Africa.

3. **A** What is the movie about?

   B It is about the earth.

1. What is the movie about?

2. It was about the weather.

3. What was the news about?

1. **A** What is the play about?

   B It is about friendship.

2. **A** What was the class about?

B It was about the Internet.

1. It was about the sea.

   해석 A: 그것은 무엇에 관한 것입니까?

   B: 그것은 바다에 관한 거예요.

2. What is the movie about?

   It is about the sun.

   해석 A: 그 영화는 무엇에 관한 건가요?

   B: 그것은 태양에 관한 거예요.

28 how 의문문 / be동사 과거형
본문 p.134~135

1. **A** How was your uncle?

   B He was upset.

2. **A** How were the songs?

   B They were boring.

1. **A** How was the trip?

   B It was fun.

2. **A** How were your grandparents?

   B They were fine.

3. **A** How was the concert?

   B It was exciting.

1. How was the trip?

2. It was exciting.

3. How were your grandparents?

1. **A** How was the movie?

   B It was the best.

2. **A** How were the dishes?

   B They were delicious.

1. It was hard.

   해석 A: 시험은 어땠니?

B: 그건 어려웠어요.

2. ② ➡ How was your vacation?

해석 당신의 휴가[방학]는 어땠습니까?

29 Here is[are] ~ / 전치사 for
본문 p.138~139

1. **A** Here is a news.

   B Is this for the future?

2. **A** Here are some ideas.

   B Are these for saving the earth?

1. **A** Here are your seats.

   B Are these for us?

2. **A** Here is the change.

   B Is this for me?

3. **A** Here is a hint for you.

   B Is this for finding the answer?

1. Here are some ideas.

2. Is this for the future?

3. Is this for finding the answer?

1. **A** Here are some books.

   B Are these for my homework?

2. **A** Here is a box.

   B Is this for packing the present?

1. Is this for buying a book?

   해석 A: 여기 돈이 좀 있어.

   B: 이것은 책을 사기 위한 거야?

2. ② ➡ Here is a beautiful flower.

   해석 여기 아름다운 꽃이 한 송이 있어요.

30 감탄문

통문장 암기 훈련 ①

1. A How exciting the game is!

 B What an exciting game!

2. A How wonderful the world is!

 B What a wonderful world!

통문장 암기 훈련 ②

1. A How nice the plan is!

 B What a nice plan!

2. A How amazing the universe is!

 B What an amazing universe!

3. A How pretty the doll is!

 B What a pretty doll!

통문장 암기 훈련 ③

1. What a wonderful world!

2. How exciting the game is!

3. What an amazing universe!

서술형 문제 도전 ①

1. A How interesting the story is!

 B What an interesting story!

2. A How wise the boy is!

 B What a wise boy!

서술형 문제 도전 ②

1. What an interesting idea!

해석 정말 재미있는 생각이군요!

2. ① ➡ How beautiful the world is!

해석 세상은 얼마나 아름다운지!

31 비교급 / 전치사 than

통문장 암기 훈련 ①

1. A Who is shorter?

 B Subin is shorter than Jinsu.

2. A What is darker?

 B This is darker than that.

통문장 암기 훈련 ②

1. A What is more interesting?

 B A movie is more interesting than a book.

2. A Who is taller?

 B Jinsu is taller than Chulsu.

3. A Who is more beautiful?

 B My cat is more beautiful than your dog.

통문장 암기 훈련 ③

1. What is darker?

2. Who is more beautiful?

3. Jinsu is taller than Chulsu.

서술형 문제 도전 ①

1. A What is more useful?

 B This cup is more useful than that.

2. A Who is faster?

 B My brother is faster than my sister.

서술형 문제 도전 ②

1. But Jinny is taller than Sumi.

해석 A: 수미는 키가 커.

　　B: 하지만 지니가 수미보다 더 키가 커.

2. ③ ➡ This is more helpful than that.

해석 이것이 저것보다 더 도움이 된다.

32 what 의문문 / 빈도부사

통문장 암기 훈련 ①

1. A What do you do in the afternoon?

 B I often visit my grandma.

2. A What does he do in the park?

 B He sometimes exercises.

통문장 암기 훈련 ②

1. A What do you do on weekends?

 B I usually stay home.

2. A What does she do at night?

 B She usually watches TV.

3. A What do they do in the gym?

 B They always play basketball.

통문장 암기 훈련 ③

1. She usually watches TV.

2. What do they do in the gym?

3. What does she do at night?

서술형 문제 도전 ①

1. A What do you do in the evening?

 B I usually run in the park.

2. A What does he do on weekends?

 B He always surfs the Internet.

서술형 문제 도전 ②

1. She often goes to a movie.

해석 그녀는 종종 영화를 보러 간다.

2. ② ➡ She usually eats lunch at the restaurant.

해석 그녀는 주로 그 식당에서 점심을 먹는다.

33 현재 진행형 의문문과 대답

통문장 암기 훈련 ①

1. A What is he making?

 B He is making a cake.

2. A What are you studying?

 B I am studying Chinese.

통문장 암기 훈련 ②

1. A What are they eating?

 B They are eating spaghetti.

2. A What is she watching?

 B She is watching a game.

3. A What are you doing?

 B I am writing a letter.

통문장 암기 훈련 ③

1. What are they eating?

2. He is making a cake.

3. What are you studying?

서술형 문제 도전 ①

1. A What is Susan doing?

B She is having lunch.

2. A What are your sisters fixing?

   B They are fixing a chair.

서술형 문제 도전 2

1. What are you doing here?

해석 A: 너는 여기서 뭘 하고 있니?

   B: 나는 핫도그를 사고 있어.

2. ④ ➡ What are the kids carrying in the box?

해석 그 아이들은 상자에 무엇을 옮기고 있나요?

34 why 진행형 의문문 / because
본문 p.160~161

통문장 암기 훈련 1

1. A Why are you crying?

   B It is because of the exam.

2. A Why is he sleeping?

   B It is because he is tired.

통문장 암기 훈련 2

1. A Why are you laughing?

   B It is because the show is funny.

2. A Why is she running?

   B It is because she is late.

3. A Why are they smiling?

   B It is because of their daughter.

통문장 암기 훈련 3

1. It is because she is late.

2. It is because of their daughter.

3. Why are you laughing?

서술형 문제 도전 1

1. A Why are you reading it?

   B It is because this is interesting.

2. A Why is he studying hard?

   B It is because of the exam.

서술형 문제 도전 2

1. It's because he has a question.

해석 A: 그는 최 선생님에게 왜 말하고 있나요?

B: 그는 질문이 있기 때문이에요.

2. ② ➡ Why are Sam and Amy fighting there?

해석 샘과 에이미는 거기서 왜 싸우고 있나요?

35 how[what] about / the same, both
본문 p.164~165

통문장 암기 훈련 1

1. A How about their eyes?

   B They have the same eyes.

2. A What about wings?

   B They both have wings.

통문장 암기 훈련 2

1. A How[What] about the color?

   B They have the same color.

2. A How[What] about searching the names?

   B They have the same name.

3. A What[How] about counting their legs?

   B They both have 6 legs.

통문장 암기 훈련 3

1. What about counting their legs?

2. They both have 6 legs.

3. They have the same name.

서술형 문제 도전 1

1. A How[What] about inviting the two?

   B OK. They have the same hobby.

2. A How[What] about you and me?

   B We both have homework.

서술형 문제 도전 2

1. How about cooking?

해석 A: 요리하는 게 어때?

   B: 미안해. 나는 요리 못해.

2. They both have a big kite.

해석 그들은 둘 다 커다란 연을 가지고 있다.

36 want to + 동사원형
본문 p.170~171

통문장 암기 훈련 1

---

1. A Do you want to join?

   B I want to join.

2. A Does John want to ride a bike?

   B John doesn't want to ride a bike.

통문장 암기 훈련 2

1. A Do you want to build a snowman?

   B I don't want to build a snowman.

2. A Does she want to play with me?

   B She wants to play with you.

3. A Do they want to leave now?

   B They don't want to leave now.

통문장 암기 훈련 3

1. She wants to play with you.

2. Does John want to ride a bike?

3. Do they want to leave now?

서술형 문제 도전 1

1. A Do you want to make a cake?

   B I don't want to make it.

2. A Does she want to have fun?

   B She wants to have fun.

서술형 문제 도전 2

1. No. He doesn't want to do it now.

해석 A: 그는 숙제하기를 원하니?

   B: 아니. 그는 지금 그것을 하기를 원하지 않아.

2. ② ➡ Suji doesn't want to take a picture.

해석 수지는 사진 찍기를 원하지 않는다.

37 want to be
본문 p.174~175

통문장 암기 훈련 1

1. A What does your sister want to be?

   B She wants to be an artist.

2. A What do they want to be?

   B They want to be a pilot.

통문장 암기 훈련 2

1. A What do I want to be?

B You want to be a scientist.

2. **A** What does Mark want to be?

   B He wants to be a model.

3. **A** What do you want to be?

   B I want to be a police officer.

통문장 암기 훈련 ③

1. What does Mark want to be?

2. They want to be a pilot.

3. What do you want to be?

서술형 문제 도전 ①

1. **A** What does Paul want to be?

   B He wants to be a musician.

2. **A** What does your sister want to be?

   B She wants to be a cook.

서술형 문제 도전 ②

1. She wants to be a nurse.

   해석 A: 네 여동생은 무엇이 되기 원하니?

   　　 B: 그녀는 간호사가 되기를 원해요.

2. ② ➡ What do your friends want to be?

   해석 너의 친구들은 무엇이 되기를 원하니?

---

38 would like의 쓰임

본문 p.178~179

통문장 암기 훈련 ①

1. **A** Would you like some milk?

   B I would like some juice.

2. **A** Would you like to wait here?

   B I would like to call him.

통문장 암기 훈련 ②

1. **A** Would you like some potatoes?

   B I would like some soup.

2. **A** Would you like to listen to music?

   B I would like to watch a movie.

3. **A** Would you like some ice cream?

   B I would like some water.

통문장 암기 훈련 ③

---

1. Would you like to wait here?

2. I would like some water.

3. I would like to watch a movie.

서술형 문제 도전 ①

1. **A** Would you like to buy the drink?

   B I would like to buy milk.

2. **A** Would you like to meet my family?

   B I would like your family picture.

서술형 문제 도전 ②

1. I would like to buy a jacket.

   해석 저는 재킷을 사고 싶어요.

2. ③ ➡ Would you like to try those shoes?

   해석 당신은 저 신발을 신어 보기를 원하시나요?

---

39 hurt, have / 조동사 should

본문 p.182~183

통문장 암기 훈련 ①

1. **A** I have a stomachache.

   B You shouldn't eat many sweets.

2. **A** My legs hurt.

   B You should get some rest.

통문장 암기 훈련 ②

1. **A** I have a cold.

   B You shouldn't go outside.

2. **A** My arm hurts.

   B You should go and see a doctor.

3. **A** I have a runny nose.

   B You should drink a lot of warm water.

통문장 암기 훈련 ③

1. My arm hurts.

2. You should get some rest.

3. You shouldn't eat many sweets.

서술형 문제 도전 ①

1. **A** I have a fever.

   B You should take this medicine.

2. **A** My back hurts.

B You shouldn't bend your back.

서술형 문제 도전 ②

1. You shouldn't eat a lot of sweets.

   해석 A: 나는 치통이 있어.

   　　 B: 너는 단것을 많이 먹지 않는 게 좋겠어.

2. You shouldn't go out and play.

   해석 너는 밖에 나가서 놀지 않는 게 좋겠어.

---

40 have to의 쓰임

본문 p.186~187

통문장 암기 훈련 ①

1. **A** Does he have to turn off the phone?

   B He has to turn off the phone.

2. **A** Do I have to buy a ticket?

   B You have to buy a ticket.

통문장 암기 훈련 ②

1. **A** Do I have to say goodbye to her?

   B You have to say goodbye to her.

2. **A** Do you have to stand in line?

   B I have to stand in line.

3. **A** Does she have to do the homework?

   B She has to do the homework.

통문장 암기 훈련 ③

1. Do you have to stand in line?

2. He has to turn off the phone.

3. Do I have to say goodbye to her?

서술형 문제 도전 ①

1. **A** Do I have to send it?

   B You have to send it.

2. **A** Does she have to see this?

   B She has to see this.

서술형 문제 도전 ②

1. Yes. She has to sing.

   해석 A: 그녀는 노래를 해야 하나요?

   　　 B: 네. 그녀는 노래를 해야 해요.

2. ② ➡ Mark has to close his eyes.

해석 마크는 그의 눈을 감아야 한다.

41 일반동사 과거형
본문 p.192~193

통문장 암기 훈련 1

1. A Did he walk to school?

   B He walked to school.

2. A Did she come to the party?

   B She didn't come to the party.

통문장 암기 훈련 2

1. A Does he walk to school?

   B He walks to school.

2. A Did you see it yesterday?

   B I saw it yesterday.

3. A Did they win the game?

   B They didn't win the game.

통문장 암기 훈련 3

1. Did she come to the party?

2. I saw it yesterday.

3. They didn't win the game.

서술형 문제 도전 1

1. A Did you study yesterday?

   B I watched TV yesterday.

2. A Did you watch TV yesterday?

   B I didn't watch TV.

서술형 문제 도전 2

1. No. She didn't call me.

   해석 A: 어젯밤에 민희가 너에게 전화했니?

   B: 아니. 그녀는 나에게 전화하지 않았어.

2. ② ➡ Did Changsu do the dishes with her?

   해석 창수는 그녀와 함께 설거지를 했나요?

42 go의 쓰임
본문 p.196~197

통문장 암기 훈련 1

1. A Did you go camping?

   B I went camping with my dad.

---

2. A Did you go to the party?

   B I went to the party last Saturday.

통문장 암기 훈련 2

1. A Did you go shopping?

   B I went shopping with my mom.

2. A Did you go to the museum?

   B I went to the museum yesterday.

3. A Did you go fishing?

   B I went fishing last Sunday.

통문장 암기 훈련 3

1. Did you go to the museum?

2. I went fishing last Sunday.

3. I went to the party last Saturday.

서술형 문제 도전 1

1. A Did you go shopping last week?

   B No. I went to the library.

2. A Did you go to the library yesterday?

   B No. I went skiing.

서술형 문제 도전 2

1. Did you go camping?

   해석 A: 너는 캠핑을 갔니?

   B: 아니, 나는 수영하러 갔어.

2. ② ➡ Did you go to the movie last night?

   해석 너는 어젯밤에 영화를 보러 갔니?

43 의문사 과거 의문문과 대답
본문 p.200~201

통문장 암기 훈련 1

1. A When did she learn French?

   B She learned French last year.

2. A What did you eat?

   B I ate some noodles.

통문장 암기 훈련 2

1. A What did he see?

   B He saw a baseball game.

2. A When did we go there?

   B We went there last summer.

3. A When did you eat?

   B I ate after school.

통문장 암기 훈련 3

1. We went there last summer.

2. What did he see?

3. When did she learn French?

서술형 문제 도전 1

1. A What did he write?

   B He wrote a card.

2. A When did he write it?

   B He wrote it last night.

서술형 문제 도전 2

1. When did you buy it?

   해석 A: 너는 그것을 언제 샀니?

   B: 나는 어제 그것을 샀어.

2. He went to school by bus yesterday.

   해석 그는 어제 버스를 타고 학교에 갔다.

44 미래 조동사 will[would] 의문문과 대답
본문 p.204~205

통문장 암기 훈련 1

1. A Will you join the club?

   B No, I won't.

2. A Would he talk about it?

   B No, he wouldn't.

통문장 암기 훈련 2

1. A Would you come back?

   B Yes, I would.

2. A Will they sell it to me?

   B No, they won't.

3. A Will she visit us tomorrow?

   B Yes, she will.

통문장 암기 훈련 3

1. Would you come back?

2. Would he talk about it?

3. Will she visit us tomorrow?

서술형 문제 도전 **1**

1. **A** Will you try this?

   B No, I won't.

2. **A** Would you come this way?

   B Yes, I would.

서술형 문제 도전 **2**

1. No, he won't.

   해석 A: 너희 아빠는 오실 거니?

   B: 아니, 안 오실 거야.

2. ② ➡ Would he bring some milk for us?

   해석 그가 우리를 위해 우유를 좀 가져오실까요?

45 will 의문사 의문문과 대답

본문 p.208~209

통문장 암기 훈련 **1**

1. **A** When will she leave?

   B She will leave at 10.

2. **A** Where will you stay?

   B I will stay in Jay's house.

통문장 암기 훈련 **2**

1. **A** Where will we meet?

   B We will meet here.

2. **A** When will they talk about it?

   B They will talk about it now.

3. **A** When will you order?

   B I will order later.

통문장 암기 훈련 **3**

1. Where will you stay?

2. She will leave at 10.

3. When will you order?

서술형 문제 도전 **1**

1. **A** When will we take the airplane?

   B We will take the airplane tomorrow.

2. **A** Where will they go?

   B They will go to the zoo.

서술형 문제 도전 **2**

1. Sujin will meet me tomorrow.

   해석 수진이는 내일 나를 만날 것이다.

2. Where will they go next week?

   해석 그들은 다음주에 어디에 갈 것인가요?

46 be going to의 쓰임

본문 p.212~213

통문장 암기 훈련 **1**

1. **A** What are we going to see?

   B We are going to see a play.

2. **A** What is he going to wear?

   B He is going to wear uniform.

통문장 암기 훈련 **2**

1. **A** What are you going to learn?

   B I am going to learn Chinese.

2. **A** What is she going to do?

   B She is going to rest.

3. **A** What are they going to build?

   B They are going to build a doghouse.

통문장 암기 훈련 **3**

1. What is he going to wear?

2. They are going to build a doghouse.

3. She is going to rest.

서술형 문제 도전 **1**

1. **A** What are they going to do?

   B They are going to visit the museum.

2. **A** What is she going to wear?

   B She is going to wear a dress.

서술형 문제 도전 **2**

1. I am going to stay home.

   해석 A: 이번 방학을 위한 너의 계획은 무엇이니?

   B: 나는 집에 머물 예정이야.

2. ③ ➡ What is she going to learn next?

   해석 그녀는 다음에 무엇을 배울 예정인가요?